JN259498

救国
超経済外交のススメ

青山繁晴

PHP

福島第1原発の構内に入る

▲東電の作業車で構内へ

▶破壊された4号機原子炉建屋の前で作業車からひとり、降りて歩く

◀4号炉建屋にさらに近づくと、搬入口が空いている。トラックが搬入口にいたときに地震が襲ったためだ。おかげで中を見ることができた。地震による破壊は小さいように見えた。歴史に残る貴重な目撃となった。（これらを撮ったムービーカメラは被曝を避けるためビニールでぐるぐる巻きにされ、そのビニールも白っぽく写り込んでいる）

▲防炎マスクをかぶると素晴らしい緊張感が湧きあがってくる

富士スピードウエイでレースに出場する

▼レース前に集中する

講演する その1

いずれも、独研（独立総合研究所）主催
の自主講演会「独立講演会」にて

講演する その2

いずれも、独研（独立総合研究所）主催の自主講演会「独立講演会」にて

講演する その3

いずれも、独研（独立総合研究所）主催の自主講演会「独立講演会」にて

議論し、発信する

▲カタールのドーハで開かれた国際戦略会議で、アメリカ国防総省当局者と議論し、関西テレビの良心派の報道番組「アンカー」のために収録する

連帯する

▲凄まじい嵐の納沙布岬を訪れ、青年会議所の諸君と、われらの北方領土を指差す

救国　超経済外交のススメ

祖国を知る、その新しい歓びを共有するすべての学生諸君と、大人たちへ、この行動と
祈りの書を今こそ、捧げます。

わたしのすべての書において、常に、ひとつの原則があります。

それは漢字、ひらがな、カタカナ、ローマ字を自在に使い、同じ言葉でも、この4種を文章の輝きや、あるいは静けさのために使い分けることです。

わたしたちは、ひらがなを創り出し、そこから、ほんとうの日本語を拓いたとわたしは考えます。

ひらがなから、さらにカタカナが創られ、ひらがなとカタカナの柔らかな力は、漢字もローマ字も日本語そのものへ、みごとに変容させました。

これが、日本語へのわたしなりの信念と愛情です。4種をあえて不統一に使い、一般的な校正の基準から外れます。

わたしたちの根源的な柱である日本語を一緒に、護り、そして育てませんか。

青山繁晴　拝

救国　超経済外交のススメ　目次

装丁　印牧真和

開幕　Raise the curtain!

救国とは何だろう。それは、求国である。

われら今、誰もが日本を救いたいと願っている。救われるのではない。救うのだ。

それは、もはや右でも左でもなく、まっすぐ真ん中から、祖国らしい祖国を求めるということである。すべての国民が共に踏みしめることのできる土台としての日本を求めることだ。

わたしたち日本国民が、これまでの利害の違い、立場の違い、意見の違い、感情の行き違いを乗り越えて、共に志をいだき、目標を見出すという夢のような新しい生き方を実行する兆しでもある。

福島原子力災害で家を失い、仕事を失い、学校を失った福島の親たち、子供たち、そして東日本大震災で、永遠に取り戻せない命を喪った2万人近い同胞（はらから）、阪神・淡路大震災で瓦礫の下に押し潰された６４３４人、それらあまりに無残な犠牲となったかたがたを、わたしたちのためよりも子々孫々のためにこそ活かすには、この兆しを見逃さずに、たった今、すこしでも前へ進めるほかない。

共通する目標を見出すには、共通の危機意識が必ず、出発点になる。

それなら実はすでに、わたしたちにある。

日本は外交が弱い。下手くそだ。それが敗戦後のわたしたちを、世代を超えて貫いてしまう「常識」だからだ。

しかし経済は強い……これも常識であったが、もはや過去の栄光になってしまったというのが、現在の新しい「常識」になっている。

これらの常識を覆すことから始めましょう。

そのささやかな提案が、本書である。


北朝鮮が7発のミサイルを日本海に撃ち込んだ2006年から、2011年の東日本大震災のあとまで、わたしは経済誌「フィナンシャル・ジャパン」にコラムを連載した。

わたしの原稿を一字一句、編集部で直さない、変えない。編集せずに、そのまま掲載する。テレビやラジオで言えば、編集の不可能な生放送である。これが、コラム連載を引き受ける、唯一の条件だった。原稿料などは一切、関係ない。実際、原稿料がいくらだったのか、まったく覚えていない。

編集がない、というのは、もちろん出版界の常識に外れている。編集部はよくぞ、受け容れてくださったと感謝している。

内容はもちろんのこと、校正をめぐることも、わたしの意志のままの原稿が掲載され続けた。

そして、この長期連載が終わると、わたしは、そこでいったんおのれのコラムをすべて胸の底にしまった。

プロの書き手、物書きにはふたつのタイプがある。ひとつは、自分の書いたものにずっと良き意味で拘っていくタイプ。もうひとつは、書くことによって、おのれのなかでカタルシス（浄化作用）が起きて、書いたものの先へ先へと歩いて行ってしまうタイプ。

わたしは、まさしく後者である。

だから終わった連載は終わったものとして、関心を払っていなかった。せっかく長いあいだ連載を重ねたのだからそれを活かしたいと考えるのが、むしろ普通だし正当だと思うが、それは考えずにいた。

そして「ぼくらの祖国」という新しい書籍を完成させることに集中した。

と言っても、わたしの仕事は物書きだけではない。

たとえば、北朝鮮によるテロ行為をはじめとする危機から日本国民を護る実務に、人知れずささやかに貢献すること、日本国が、その永い歴史で初めて抱擁している自前資源であるメタン・ハイドレートを、環境を守りつつ実用化するために寄与すること。

これらは、日本で初めての独立系シンクタンク、独立総合研究所（独研）で、不肖ながら社長・兼・首席研究員を務めることを通じて、試みている。

それから近畿大学の経済学部で客員教授として国際関係論を講じて、若い奴らを気合いを入れて育てること、そして下手くそな講演で聴衆のかたがたと対話して祖国を考えること、たまにはテレビやラジオで視聴者のみんなと一緒に考えることなどなど、これらの合間のわずかな時間、たとえば揺れるタクシーや列車、飛行機に乗っているときにモバイル・パソコンに原稿を打ち込むぐらいしか、ほんとうは物書きに戻れない。

構想に3年半を費やした「ぼくらの祖国」を仕上げるときには、5週間、一度もベッドや布団に入らない生活をして、ようやく脱稿し、出版し、世に問うた。

わたしは本来、ただの怠け者だ。謙遜じゃない。だから2011年、東日本大震災と福島原子力災害の発生した年の、その終わり際に「ぼくらの祖国」が書店に並んだときには、力を出し尽くしたと言うほかない気持ちになっていた。

明けて2012年、物書き以外の仕事は元旦から休みなく始まっていたが、物書きとしては、果てしない長距離種目のプールで、ようやくにしてゴールのタッチ板に手が届いて水の中で脱力している心境だった。

……というわけで、終わった連載コラムのことは頭に浮かんでこなかった。

そこに「ぼくらの祖国」を読んだ、ある編集者から、意外な提案があった。

独研の秘書さんによると、この体格の良い汗っかきの、いかつい編集者は「線を引いてしまうのはもったいないから」と言って「ぼくらの祖国」にアンダーラインを引かず、「でも胸に置いておきたい言葉がたくさん、たくさんあるんです」と言い、数え切れないぐらいの付箋がページというページに付けてあるという。

彼の提案は「この超経済外交のススメという連載コラムは今こそすぐさま、ひとつの本にまとめて、ぼくらの祖国と一緒に、国民に読んでいただくべきです」ということだ。

そこで、わたしも、おのれの連載を読み返してみた。

これは、その折々のナマの現実に、非力ながら立ち向かって、具体的にどうするかを提示する連載だった。

なかでも、弱いというのが常識の外交と、強かったのに弱くなったというのが新しい常識の経済を、組み合わせて、超経済外交という新しい戦略思想をひとつひとつ積み上げていくことを志していた。

あくまで、つたない試みに過ぎませぬ。しかし根っこの志だけは、最後まで明瞭ではあった。

編集者の提案が、すとんと胸に落ちた。

そうか、「ぼくらの祖国」で、生き方の根っこをみなさんとおのれ自身に問うた以上は、「では具体的にどうするのか」という提示が、必要だ。それを彼、編集者は願っているのだろう。

そう考えた。

「ぼくらの祖国は、子供と大人が一緒に読んで、一緒に考えてほしいと願う本だ。では、まず大人はいま何をするのか、その本も同時に必要だ」。そう思い至った。

さらに「学生諸君にも、大学生や大学院生には社会に出るために、中高生には社会に出るか進学するために、さぁ大人になったら何をするかの手がかりが必要だ」とも考えた。

そこで筆を起こした。

この「開幕の章」を書きおろし、「終幕の章」も書き、6年に及ぶ連載の本文の全文、その一字一句に手を入れた。句読点、テンやマルのひとつひとつまで置き直した。

そして新たに書き起こすべきは書き起こして、本文をすべて再構築していった。せっかく精緻にできあがっていた高層マンションを、いったんバラバラにして地上に降ろし、地中深くの岩盤に刺した土台だけは活かして、造り直すに近い作業だった。

組み直したら、結局は元の部屋そっくりになった部屋もある。それはそれでいい。元の部屋の窓も壁も家具もすっかり変わった部屋もある。

もともとの本文は、経済誌のただ1ページ限りのスペースに収録するために、枝葉をできる限り切りとった硬質の文体となっている。それを活かしたり、ほんのり柔らかくしたり、斜めにくずしたり、縦横に試みた。

また、その一瞬のナマの現実を取り扱っているから、その後に事態が変わったものも沢山ある。しかしそれらは、なるべくは変えない。当時の大統領や首相や企業のトップらも、多くがその地位を変えた。それも、当時のままに記す。

その時々刻々の空気、緊張感を、読者と共有したいからだ。

さて、幕を開けましょう。

よろしければ、舞台をご覧ください……ではなくて舞台に一緒に上がりましょう。

vol.1
奇妙な首脳会談の先に何があるか

わたしは住まいの公団住宅も、物書きとしてのちいさな仕事場も、勤め先の独研（独立総合研究所）も、すべて海のそばにある。

見ていると、海は、冬にこそ青い。

夏にきらめくときよりも、青い。

波は、暗く翳っている。だが、よく目を凝らせば、冬の突き抜ける空気を映して澄みわたり、夏には見えなかった深みや底までが見えることがある。

このささやかな連載を始める２００６年の1月は、日本のただ一度の敗戦から61年目を踏み出す、真冬である。

２００５年の夏には戦後60年の節目を意識して、にぎやかに議論が交わされた。

節目の年だけではない。原爆投下と降伏の記憶がよみがえる季節である真夏、8月に、わたしたちは毎年毎年、日本の敗北を考えてきた。

ところが日本が負けた、ほんとうの理由は、実はいまだ考えられていない。考えられていないから、克服もされていない。

夏のお決まりのセレモニーのような議論ではなく、飾りを取り去った真冬の議論をしていきたい。

それこそが、このコラムの出発点だ。

1945年の春、第二次世界大戦が日本の降伏という終末へ近づいているとき、意外な場所で、敗戦後の日本、すなわちわたしたちが生きている、この現代の日本をこそ問う議論が闘わされた。

それは、沖縄の海に「水上特攻」として向かっていた戦艦大和のガンルーム（士官次室）の出来事である。

学徒出陣によって東大の学生から海軍少尉へ身を変えて大和に乗り組んだ吉田満さんは「戦艦大和ノ最期」を著して、その情景を描いた。

「水上特攻作戦」は、大和を旗艦とする帝国海軍第二艦隊の伊藤整一司令長官みずからも「部下を犬死にさせるわけにいかない」と反対した作戦だった。

その作戦によって死す意味を、学徒出陣の士官たちが疑い、それに怒る職業軍人の一群がぶつかった。しかし、ひとりの士官が発した、ただひと言で、昂ぶった議論が静まったという。

「敗レテ目覚メル、ソレ以外ニドウシテ日本ガ救ハレルカ」

もはや敗戦によってのみ祖国は誤謬に気づき、みずからを救う。

おのれの死と祖国の敗戦を一分の隙もなく重ね合わせた、一撃の閃光のような言葉である。

この士官は大和とともに海に沈み、吉田満少尉は、波間に漂流したあと救われて、士官の言葉を、敗戦後の日本社会に甦らせた。

この記録には、強い異論もある。たとえば大和に上等水兵として乗り組み、生き残った八杉康夫さんは、こんな議論はなかったはずだと主張されている。吉田満さんは生涯、ひと言も弁明されなかった。

ただ、沖縄に届かずふたつに折れて撃沈された大和と共に、今も沖縄のはるか北方、長崎県の男女群島近くの水深345メートルに沈んだままの英霊のひとりひとりが「俺たちの死を活かせ。無駄死に、犬死にに、してくれるな」と、わたしたちに呼びかけていることだけは、時空を超えて確かなのではないだろうか。

さぁ、われらはみずからに問いたい。

自国民だけで300万人を喪った、あの敗戦を生かして、祖国を救ったか。

敗戦は、軍事力の敗北であるまえに、外交力の敗退であった。

では、現代日本の外交は「負けない外交」に変貌を遂げたのか。３００万人の犠牲に報いる自己改革が、実現しているか。

それを考える最初のヒントとして、２００５年11月下旬の奇妙な会談を取りあげてみよう。

ロシアのプーチン大統領と小泉純一郎首相の首脳会談である。大統領は5年ぶりに来日した。しかし日本の北方領土を旧ソ連・現ロシアが侵略し続けている問題で進展がないことは、あらかじめ決まっていた。

案の定、プーチン大統領は「北方四島がロシアのものであるのは、世界大戦の正当な結果だ」と強調した。

真っ赤な嘘である。

ソ連（現ロシア）軍は、大戦がとっくに終わってから、日本の北方領土を占領した。日本は１９４５年8月15日に降伏したが、ソ連軍が南樺太を占領したのは8月25日、北千島列島を占領したのは8月31日、そして北方領土のいちばん南、歯舞群島を占領したのは9月5日だ（いずれも侵略による占領が完了した日）。

これらは、もはや国際法で言う戦争ではない。ただの殺人、傷害、強姦、強盗という犯罪であったから、プーチンさんの発言は真っ赤な嘘と言うほかない。

しかし小泉さんは、「日露双方が受け入れやすい解決策を見つけましょう」と美辞麗句に逃げ、プーチンさんは「その通り。双方に善意さえあれば大丈夫です」と、これも美辞麗句で応えた。

KGB（旧ソ連秘密警察）出身のウルトラ・リアリストであるプーチンさんは、こんな意味のないやりとりのために来たのか。まさしく奇妙な会談である。

ところが外務省幹部はわたしに言った。

「プーチンはホクホク顔になったよ。美辞麗句を続けるなら北方領土は、永遠の未解決問題でいられる。ちょっと妥協姿勢を見せては日本からカネと技術を引き出し、少し突き放してから、また妥協しそうなフリをして、新たなカネと技術の協力を引き出す」

美辞麗句だからこそ来日の意味があったという解釈だ。それは当たってはいる。だが、プーチン大統領は、もっと先へ行っている。

大統領は経済協力について、小泉首相には、用意された12の小さな合意をめぐる文書にサインを求めただけで、ろくに話を深めなかった。

その代わり、日本経団連から中小企業まで日本の経済界と、直にやりとりをしたのである。

大統領が、石油や天然ガスなどエネルギー業界のトップをはじめ１００人に及ぶ経済人を同行したことは、知られている。

しかしそれはただの同行ではない。小泉首相以下の日本国政府を実質的にパスしてビジネスマンと直接に交渉する、すなわち日本外交が弱いどころか「外交抜き」の新しい経済交渉の開始が狙いであった。

きっかけを作ったのはトヨタである。次回は、そこから見ていく。

vol.2
民族の心の弱さが外交を弱くする

戦争の強い民族は、外交が弱く、戦争の弱い民族は、外交が強い。

世界の大勢は、こうである。（アングロサクソンのひらいた兄弟国である米英はいずれも強いが、これはまれな例だ）

ドイツは、第一次大戦後の外交に失敗し、領土の縮小でも賠償金の負担でも追いつめられ、ナチスの軍事力で突破しようとした。

日本も外交で失敗しエネルギー封鎖を仕掛けられると、南方作戦と日米開戦で突破口を開こうとした。

いずれも戦いに強いがための蹉跌（さてつ）であった。

一方、中国は、周辺民族を「蛮族」と嘲（あざけ）りつつ実は圧迫され、モンゴル人に滅ぼされて元となり、女真人に滅ぼされて清となった。漢人（中国人）は戦いが弱いからこそ、外交がしたたかなのだ。

日本に、「膨張する核保有国、中国の圧迫に抗するには、あるいは核実験を終えている北朝鮮に向かいあうには、日本も核武装するほかない」という議論が台頭している。

それに正当な理由は、ある。

世界でもっとも厳粛な理由である。日本は、まったく普通の市民を広島と長崎で、核兵器によって溶かされ、焼かれ、割られ、吹き飛ばされ、そして永い歳月をかけて内蔵を奪われて殺された。世界に日本だけである。だからこそ、ほんとうは真っ先に核武装する権利が常にある。

わたし個人は、日本の核武装に反対をかねてから表明している。そのために執拗な嫌がらせも受け続けているが、もちろん、変わらない。

同時に、核武装する至上の権利が日本にだけあるということも、主張し続けている。であるから、核武装を国会をはじめさまざまな場で堂々と議論すること、原子力発電所をテロリズムにも自然災害にもヒューマンエラーによる事故にも強い原発に変え、炉も選び、そうやって新しい安全を確保したうえで、原発も通じて核武装できる技術の基盤を維持すること、いずれも支持する。

その強烈な抑止力こそ、日本だけではなくアジアの平和のために不可欠である。

そのうえで、軍事力が戦争の道具であった時代は去り、21世紀では多くの場合、それは外交のツールであるというリアルな認識を、これからの日本の根っこにしっかりと置きたい。

最後は軍事力、ではないのだ。

軍事力も外交力に含まれ、包摂され、最後は外交力である。


わたしたちは、「軍事力で突破してしまいたい」という欲が民族の心の奥にひそむことを良く知り、そうやっておのれを知ることからこそ、外交力を強くせねばならない。

最後は原爆を投下された先の敗戦も、軍事力の敗北のまえに外交力の敗北がまずあって、そして日本がいったん破滅するに至ったことを、もっと学ぶことを、問題提起したい。


「勝つ外交、負けない外交」を創るために、前回に引き続き、日露関係を手がかりに考えていこう。

日露関係の先行きの象徴のひとつは、トヨタ自動車のサンクトペテルブルクへの工場進出である。２００５年夏の起工式には、プーチン大統領も出席、トヨタの奥田碩会長と固い握手を交わした。

ことし（２００６年）のサミットで議長国を務めるほどの大国ロシアの独裁者が起工式

に現れるのは、破格の扱いである。

日本の自動車メーカーのロシア進出はこれが初めてとはいえ、投資額は約150億円程度、雇用も2007年に生産をはじめた時点では500人ほどの計画だ。さほどの規模ではない。

なぜ、ロシアはそこまで重要視してみせるのか。

日本資本に対して「中国だけではなくこちらへも」という強い勧誘意欲を見せるためであるのは言うまでもない。

しかしそれだけではないのだ。

この工場が生産する「カムリ」を買うような中間所得層がロシアに育ち、ロシアの政権がこうした層を新しい基盤に据えはじめた表れであることを、わたしたちは注目したい。

さて、日本国にとって問題なのは、これが日本の経済外交の成果と言えるのかどうかである。

現職の欧州駐在大使によると、日本政府の高官がロシア政府に「北方領土で進展があれば、こうやって有意義な投資が起きます」と説くと、ロシアの外務官僚たちは失笑したという。

領土交渉は、大統領がエリツィンからプーチンに代わってから進展どころか凍てついている。日露ともに周知の事実である。

それを、こう強弁したために、むしろロシア側は気づいたという。それは何か。ロシアの外交官はわたしに「日本はゼロ金利が続いてカネ余りなのだ。民間資本は、余ったカネの使い途をみずから探そうと懸命だ。われわれに日本政府の協力など、もはや要らない。それがわかった」と正確な英語で強調した。

そこで昨年11月の日露首脳会談である。

小泉首相とプーチン大統領とのあいだでは、領土も経済も進展がないどころか、会話らしい会話もなかったと言わざるを得ない。

あったのは、「(領土は) 解決策を見つけましょう」(首相)、「善意さえあれば見つかります」(大統領) という、空しい美辞麗句の交換だけである。

プーチン大統領はそれより、同行させたざっと100人もの経済人を日本の経済人に会わせ、実のある対話をさせることに忙しかった。

そして小泉首相、すなわち日本外交の最高責任者は最終的にどんな役割を果たすことになったか。

それを知るためには、プーチン大統領と署名した12の合意文書を見る必要がある。

次回にそれを、調べよう。

vol.3

「開くが命」シンドローム

日本経済に外交力のバックアップはあるか。

デフレに苦しみ続ける日本経済が新天地を切り開けるよう強力にサポートできる外交力を、どうやったらわたしたちは創れるのか。

それを読者とともに考えるために、小泉純一郎首相がロシアのプーチン大統領とおこなった首脳会談を検証している。

今回は、会談で署名された12の合意文書を見てみよう。これは経済的には枝葉のようなちいさな合意でありながら、恐るべき合意文書である。

たとえば原潜解体の合意文書がある。

旧ソ連が建造した原潜は、ソ連崩壊で多くが無用となり、あろうことかカムチャツカ州の軍港に放置されたままだ。日本と一衣帯水のロシア極東沿海部である。

解体されずサビの固まりとなった原子力潜水艦が42隻あり、うち36隻は激しく浸水し、原子炉からの放射能漏れは「確実」（アメリカ海軍大佐）という惨状にある。

ロシアは「解体するカネがない。日本が汚染を気にするならカネをくれ。日本の廃炉技術も、ただで供与してくれ」と求め、日本から一定のカネと技術を受け取ったあとも、さほど解体を進めていない。

しかし現在のロシアにはカネも技術もある。カネは、高騰した資源価格のおかげで7％超の成長率を軽く確保するまでに潤っている。

また日本がせっせと中国に供与した技術を、胡錦涛政権は戦略的にロシアに渡している。

だから、わたしは日本政府高官から「この件でもロシアと新しい合意文書を交わすよ」と聞いたとき、この無体な状況をいくらかでも改善する新合意になると思った。

ところが、合意文書をみると「さらに5隻の解体協力事業を実施する」とある。

これは、これまでの分に新しく追加して5隻の解体費用と技術を日本が差し出すことを意味する。

日本の各新聞が、日露首脳会談の記事の最後に、さらりと「5隻の原潜解体の協力で一致」とだけ報じたのは国民をミスリードする。こんな報道では、旧ソ連の原潜を日本が解体してさしあげることが当たり前のようになるからだ。

わたしは外務省の旧知の局長級幹部に問うた。

「こんなもの、何で突き返さないのですか。ロシアは今、カネがあるから強気に出て、小泉総理以下、日本政府をパスして日本の経済界と直取引をしている。それほど馬鹿にされているのだから、カネがあるなら原潜ぐらい自分で解体しろと、なぜ言わないのですか」

人柄の誠実な彼は、答えた。

「いやあ、合意できるものは合意しておかないと次に繋がらないよ」

また日露首脳会談さえ開ければいい。まるで「開くが命」シンドローム（症候群）だ。

首脳会談でプーチン大統領は「小泉さん、今度はロシアへ来てください」と持ちかけた。首脳会談を次はロシアで、という誘いであり、事務レベル折衝であらかじめ用意された発言であった。

日本国の外務官僚としては、この発言を予定通りプーチン大統領に口にしてもらうためには、原潜解体の合意も予定通りにやる必要があったのだ。

そして日露首脳会談のわずか2日後、２００５年11月23日に驚くべきことが起きた。ロシア原子力庁のアンティポフ次官が「原潜を解体して原子炉を取り出せば、今度はそれを保管する陸上施設を建設せねばならない。それについても、日本の支援を要請した。日本はすでに検討に入った」と言明したのだった。

ちょっと待て。いったい何の訳があって、日本はそこまでロシアにご奉仕するのか。

「小泉政権は強気の外交かと思いきや、首脳会談で依然としてまったく弱いと、ロシアは判断した。そこで、どんどんつけ込もうと果敢に動いて、陸上施設まで要求したんだよ」(アメリカ国務省幹部)。

そして日本側もさっそくに膝を屈して、いや自らが膝を屈していることに気づきもしないまま、応じようとしている。

似たようなことが日露の経済界との直取引では、起きないのか。

そこも含めて検証を続けよう。

vol.4

カンとミン、殻を出でよ、連合せよ

ロシアのプーチン大統領が2006年3月下旬に訪中し、日本のマスメディアは「中露の接近がさらに進んだ」と報じた。

プーチンさんは中国の胡錦濤・国家主席と、「戦略的パートナーシップ」の強化をうたう共同宣言に調印したからだ。官僚的な報道ぶりとでも言うほかない。

その宣言は、たとえばロシアから中国への石油・天然ガス供給パイプラインについて「建設に向けて努力を続ける」としか述べていない。

具体化ができなかったのだ。

ボイス・オブ・アメリカ（VOA）は「歩み寄れず、問題を解決できなかった」と正確に伝えた。

この訪中には、注視すべき特徴が2つある。ひとつは、両首脳が会談するだけではなく揃って経済フォーラムに出席したことだ。このフォーラムは中露財界の共催という体裁になっている。

プーチン大統領は訪日のときと同じく、訪中にも経済人を伴った。だが、その経済人の使い方を、がらりと変えているのだ。ここがキモである。

東京では、首脳交流と、経済交渉は実質的に切り離された。日本経団連主催の経済フォーラムに小泉首相の姿はなくプーチン大統領だけが出席し、世界最大の天然ガス会社ガスプロムのミルレル社長ら経済人１００人は日本の企業家と直接に交渉した。

ところが北京では、首脳交流と経済交渉が一体であった。もうひとつは、その経済関係について、プーチン大統領がストレートに不満を表明したことだ。

帰国後に不満を漏らしたのではない。北京で、まさしくその経済フォーラムの席上、胡主席の面前でこう、ぶつけた。

「ロシアは中国に原料を輸出するばかりだ。胡主席は、発電設備をはじめ大型機械をどしどし外国から輸入すると表明しているのに、その分野のロシアの対中輸出量は昨年には半減した。ところが一方で中国のロシアへの輸出は急増している。貿易構造そのものが不公平なのだ」

パイプライン問題もあわせ、中露関係は「接近」という初期の蜜月を過ぎて、実利でせめぎ合う段階に入っている。

これは後退ではない。むしろ明らかな前進だ。

その意味で、「中露接近が進んだ」という日本の報道は、見かけだけが事実と一致している。見かけが一致しているだけに、その中身が実は事実とまるで食い違っていることを、わたしたち日本国民はよく考えたい。

日本では、首相が訪問先の外国で不満を表明することなどあり得ない。また来日した外国首脳がもしも公に不満を示せば、その首脳外交は大失敗だった、となる。

日本は政治家も官僚も学者も国民も、意識の深いところで外交を儀式だと考えている。実利は、かつては軍事力で勝ち取るものだったし、今は経済で汲み取るものなのだ。だから経済外交という言葉は、日本語にあるようでいて存在しない。

経済外交のあり方などという議論は日本国内では展開されたことがない。経済と外交は別物だという意識が頭の底にあるからだ。

中露が「戦略的パートナーシップ」をうたえば、それを「一致」だとして「さらに接近」と報じる。

実際は、不一致をさらけ出して協議するパートナーになったからこそ、二国関係が前進している。

日本のこの錯誤を、よく見抜いているのがロシアだ。

だからプーチン大統領は、日中いずれを訪ねるときも経済人を同道しつつ、日本では首脳交流と切り離した。

では、日本の経済人がそのロシアと直取引することは有益か。

日本の経済界が「民間だけでやれるならいいじゃないか」と考えるなら悪魔のささやきである。

ロシアは官民一体だから実質的に規制がない。規制する側、される側の区別がないのだ。欲得だけに絞りきり、日本の資本を手招きしている。

相手は官民一体、日本は民だけでは勝負にならない。

日本の新たな外交、すなわち超経済外交は、官民がそれぞれの固定観念を一新して、共同戦線を張るしかない。

vol.5

竹島はメンツと漁業の問題か

竹島とその周りの海が、鋭く緊張している。

この2006年4月、外務次官の谷内正太郎さんがソウルに入り、日韓次官協議に臨んで「当面の妥協」を成立させた。

つまりは、例によって決着を先送りしたのである。

しかし、日本海のわれらの島、竹島が国際司法裁判所で裁判にかけるべき紛争のさなかにあることは、やや強調された。日本にとって半歩の前進である。

うーむ。半歩というのは、あまりに甘い。百分の一歩、いや千分の一歩と言うべきか。だが、いちばん重大なことは、日本国は韓国のほんとうの意図をいまだ知らないことだ。

情勢が緊迫した直接のきっかけは、日本海の海底地形の名称を日本が付けるのか、韓国が付けるのかである。

韓国はこれまで「日本海という名称は不平等だ。複数の国が囲む海だから、東海と変えよ」と主張し、国際機関に強く働きかけてきた。

働きかけるというのは、熱心にお願いするというだけのことじゃない。賄賂を渡し、相手の弱みをつかみ、家族を取り込み、とにかく徹底的に工作するということである。

日本のマスメディアは、その実態をさっぱり取材しないし報じないまま、「韓国はメンツにだけこだわっている」と報じてきた。

確かに韓国には自意識過剰があり、メンツに異様なぐらいこだわるのは、世界がふつうに知っている事実だ。

しかし、さすがの韓国も、メンツだけでここまでやらない。

わたしは韓国の軍人や政府当局者にこう言ってきた。

「あなたがたが、日本海は、日本にかたよっている名前だから嫌だというだけなら、韓国の主張する名称は、たとえば中海となるはずでしょう。朝鮮半島から見れば、東だけど、ロシアからは南、日本からは北だ。東海という韓国の命名に隠れているのは、韓国からの視点だけ、韓国の立場だけを採用せよという要求だ」

これに対して、まともな答えが返ってきたことはない。

「それなら日本海だって、日本の立場だけじゃないか」という反論ぐらいである。これは違う。日本海は、インド洋などと同じく、日本人が何かの企みで勝手にあとから付けた名前ではなく、歴史の自然な流れで生まれ、そして国際社会に古くから認知され馴染んでいる名前である。

韓国は、要は、日本海をわが海とすることこそ真の目的としているのであり、「名前が日本にかたよっている」うんぬんは口実に過ぎない。

ではなぜ、日本海を自分だけの海にしたいのか。

それは、日本海の新しい値打ちを韓国が知ったからである。

日本は「二つの海」の領土を、それぞれ分けて考えてきた。

ひとつは、東シナ海に浮かぶ日本の領土、尖閣諸島だ。もうひとつが、日本海の竹島である。

尖閣諸島については、その海底に原油と天然ガスが埋蔵されていると国連の調査で分かってから、中国が突如、「古来、中国の島だった」と言い始めた。

誰がみても根っこには、資源の問題がある。

では竹島はどうか。これを日本は「メンツと漁業権のために韓国が不法に武力を行使して占有した」と考えている。つまり尖閣諸島とはまるで別問題だと、日本では広く信じられてきた。

それは、ほんとうなのか。古い時代の、過ぎ去った事実に、いつまでも無意識にとどまっているのが日本ではないのか。

それを考えるまえに、尖閣での日本と中国、竹島での日本と韓国、いずれの立場がフェアなのか。

いずれも国際法からして、日本が合法であり中韓が不法だとみるのが、幸いにして公正だ。

わたしが愛国者だからこう言っているのではない。国際法上、ほかに解釈のしようが無いのである。

なぜか。

尖閣諸島は、1952年に発効したサンフランシスコ講和条約のなかに日本領と明記されている。

中華人民共和国は、その3年前にすでに建国されていたが一切、異を唱えなかった。

突然に領有を主張したのは、1969年に国連が「尖閣諸島の海底には原油と天然ガスがあるとみられる」という報告書を公表した直後、1970年である。前述したとおりだ。

韓国はどうか。

韓国は、そのサンフランシスコ講和条約が発効するまえに、竹島を韓国領と認めるようアメリカに求めた。

アメリカは1951年8月10日付の国務省の公文書で答えた。秘密の文書ではない。世界に公然と出された文書である。つまり、ほんらいは日本国の子供たちが習うすべての教科書に書かれてあるべき文書だ。

そこにはこう書いてある。「この岩島は朝鮮の一部であったことは、決してない。1905年頃から日本の島根県隠岐支庁の管轄下にあり、かつて朝鮮が領土主張をしたとは考えられない」

あまりに明確だった。

ところが、明確に、かつ公正に指摘されたからこそ韓国は、1952年1月、当時の李承晩大統領が日本海にまったく勝手に、立ち入り禁止線を引いた。これは「李承晩ライン」と呼ばれる。

そして、あろうことか、竹島のまわりでいつものように漁をする日本の漁船を銃撃し、5人の日本の漁民を殺した。

サンフランシスコ講和条約は、先の大戦のあとにアメリカをはじめ連合国が日本を占領していたことを終わらせ、日本国がふたたび国家の主権と独立を回復する条約だった。

だから韓国は、日本が主権を持たずに何も言えないうちに、日本の領海内に線を引いて、その線の内側に竹島を入れて、「竹島は昔から韓国のものだった」と主張し始めたのだった。

こうしたいきさつは、わたしの個人的主張でもなければ、別段、日本の立場に立っているわけでもない。

ありのままの経緯にすぎない。つまり違う経緯など世界のどこにも存在しないのだ。

中韓の子供たちが与えられる教科書をはじめ、違う経緯の書かれているものがあれば、それは百パーセント、捏造である。

このありのままの経緯をみれば、中国が尖閣諸島、韓国は竹島をそれぞれ自分のものだとする主張は、いずれも無茶ら苦茶らであると、国際社会の誰にも分かる。

わたしは、まごうことなき愛国者だ。しかし、それは国連加盟の193か国すべてに居る愛国者と同じペイトリオット（愛国者）である。すなわち、3つを大切にする。ひとつ、国際社会のルール。ふたつ、他国の、国際社会のルールを大切にするフェアな愛国者。みっつ、祖国のすべて。

人類は、同じ人類を殺害する歴史ばかりを膨大な時間、重ねてきた。

そのなかで、どうにかいくつかの共通ルールを見つけてきた。それが国際法だ。建前で、国際法が大事なのではない。人類が生きるための、心臓の鼓動のようなルールなのだ。

しかし同時に、国際法の大切さを分からないアンフェアな人々や国に分からせるには、戦略戦術が不可欠になる。それを、まさしく外交と呼ぶのである。

竹島について「韓国は、日本に対して異様にメンツにこだわり、また漁業で優先権が欲しいから竹島を侵略し、独島と偽の名前で呼び、不法占拠している」とだけ日本が考えるのなら、それは事実の上半分にすぎない。

また、事実のうち、過去はそうだったという事実にすぎない。

事実を把握できないところに、ほんものの外交はない。

事実の下半分、すなわちより本質に近いところを見れば、韓国は今や、竹島のその下深く、海底の資源にこそ注目している。

それは「第四の資源」あるいは「燃える氷」と呼ばれるメタン・ハイドレートである。

人類は埋蔵資源のうち、まず石炭を使った。次に石油、今は天然ガス、そして近未来、それもごく近い未来は、このメタン・ハイドレートとされる。

メタン・ハイドレートは、なにやら難しげなものに思われがちだが、ちっとも難しくはない。

天然ガスの主成分はメタンガスだから、天然ガスの一種だとすぐ分かる。

メタンガスが、海底などで冷温と巨大な水圧のなかにあると、どうなるか。シャーベットのような固体（結晶）になっている。それをハイドレート（水和物）と呼んでいる。

要は、天然ガスが凍って、ちょうどコンビニで売っている白いシャーベットと見かけはそっくりになっている。

ところが、そのシャーベットに火を近づけるとすぐにボッと青い炎を出して燃え、後には水が残る。

温室効果ガスの排出は、埋蔵資源のなかでは一番すくない。

1立方メートルのメタン・ハイドレートを分解させると、160立方メートル以上もの膨大なメタンガスを取り出せる。

実用化への技術的な課題はもちろんある。だがエネルギーの効率、環境への影響とも最善の埋蔵資源であることは、これまでの研究成果だけでも明確になっている。

したがってこのメタン・ハイドレートは、世界の資源をめぐる情況を一変させる可能性を秘めている。たとえば、これまで原油と天然ガスを大量に算出してきた中東には、ほとんどない。メタン・ハイドレートは地震のない地帯よりも、地震の起きる地帯にこそ、存在するからだ。

資源小国だと思い込んできた日本、そして地震に苦しみ抜いてきた日本にこそ、大量に埋蔵されていることが明らかになっている。

なぜ実用化が遅れてきたのか。

ひとつには「日本は資源のない国だから、高値でも何でも海外から買わねばならない」と決めつけて、そのシステムで利益をあげてきた日本の石油会社、商社などの既得権益グループが、政治家や官僚と結びついて、自前資源の開発をむしろ阻んできたという隠された事実がある。

もうひとつには、南海トラフなど太平洋側のメタン・ハイドレートだけに税を投じて研究開発してきたからだ。

太平洋の側にも、間違いなくメタン・ハイドレートはある。しかし海底の奥深くで分子レベルで砂と結びついているから、取り出しにくい。

ところが、竹島のある日本海、対馬海峡で尖閣諸島のある東シナ海につながる日本海の側の海底には、メタン・ハイドレートが白い塊のまま露出していたり、海底下の浅いところに固まり、結晶状で存在していることが、独研そして東大の少数派の研究者の研究で、具体的なデータとして分かってきた。

わたしたちは太平洋側の研究開発をするなと考えたことも、発信したことも、一度もない。

真逆だ。

アメリカのエネルギー省（ＤＯＥ）の知友は簡潔にこう言う。「コストも時間もかからない日本海側からまず実用化して、それを良い刺激にして、太平洋側をやればいい。日本は生まれ変わるよ」

わたしは日本国政府の資源エネルギー庁、日本を代表する巨大石油会社、いずれのトップからも「青山さん、そんなに日本海側のメタン・ハイドレートにこだわると、アメリカに睨（にら）まれて、いずれ命に関わるよ」という趣旨を忠告された。

わたしは胸のうちで「ふひ」という、ひらがな２文字が浮かんだ。わたしの造語である。意味はない。ほんとうは、無いようで、ある。

ちょっと呆れるな、困るな、しかし実はそう呆れない、困らない。むしろ、その困惑のなかに、ちいさな希望がある。そんな感じの嘆息なのだ。

もとより、この一命にこだわるのなら、違う生き方をしています。日本の国家の青春、たった１５０年ほど前の幕末期の、名も無き草莽の志士たちと、魂の底では一緒に生きて走っている。

そして、ほんとうは、その睨むはずのアメリカ合州国（合衆国は、そろそろ卒業したほうがいい誤訳）が日本海のメタン・ハイドレートを強く推奨しているのだ。

わたしたちの日本国は、アメリカをはじめ世界がふつうにどんどん先へ行っているのに、自分で67年前の敗戦で生まれた思い込みの泥のなか、あるいは、ぬるいお湯のなかに居続けている。

日本が資源大国であるなら、経済も外交も根本から変わる。

それをリアルに示しているのが、竹島とその海、尖閣諸島とその海なのだ。

メタン・ハイドレートだけではない。前述したように、国連は、今からおよそ40年も前に「あなたの国の沖縄県の海に、誰も知らなかった油田と天然ガス田があります」という報告書を日本と世界に向けて発出し、中国をはじめ外国は鋭く反応したのに、沖縄県も本土も、肝心の日本国は何も反応しなかったのだ。

日本人はおそらく世界でいちばん国連が好きだろう。信じているだろう。その国連のアジア極東経済委員会（ＥＣＡＦＥ）が「実は日本は資源のある国です。しかも、日本でもっとも失業率の高い沖縄県にあるんです」と告げているのに、そこだけ聞かないふりというのか、知らないふりというのか、こんなことがあるだろうかという反応だったのである。

その当時は、わたしもまだ16歳ぐらいだ。学校でも、ニュースでも、大人の雑談でも、ただの一度もそんな話は聞いたことがなかった。聞いていれば間違いなく、学校の先生に「じゃ、日本は資源小国ではないんですね」と質問しただろう。

ところが現在でも、国会ではどんなにフレッシュな若手議員でも「日本は資源のない国でありますから」と質問を切り出し、テレビでは評論家が当然のごとく「日本は資源のない国ですからね」と、ただでさえつまらない話を、この常套句で始める。

議員も評論家も現場に行かないから、こうなる。

わたしと独研の研究員たちは、海上自衛隊の哨戒機Ｐ３Ｃで、尖閣諸島の上を低空で飛んだとき、中国がこしらえた海上の巨大やぐらの突端から鮮やかなオレンジ色のフレアが噴き出ているのを、２００７年にすでに目撃した。

もはや海底の天然ガスを実用化している、動かぬ証拠である。

さらにパイプラインの敷設のための船を見つけ、そしてパイプラインのメンテナンスのための船も見つけた。パイプラインから中国沿岸部に、日本国沖縄県の資源を送り込んでいるのである。

北京で議論した中国海軍の大佐は、わたしに英語いや米語で「日本はずるい」と言った。

「青山さんは、武士道の国だと言うけれど、これが武士道ですか。われわれは30年から40年も苦労を重ね、実は人的な犠牲も出し、お金もかけてようやく実用化した。そしたら急に、日本はそれは自分のものだと言い始めた」

わたしは「そのお金のなかには、日本の援助、すなわちわたしたちの財布から出ていったお金が沢山ある。それに、そもそも日本国沖縄県の資源であることを抜きにして、話してはいけないし、資源が実用化できると分かったら急に日本が主張し始めたというのは、勘ぐりであり、誤解です」とは言った。しかし同時に、これが中国側の本音であることは日本国民にフェアに伝えねばならないと考えた。

尖閣も竹島も、国際社会ではとっくに「日本は自分の資源をどうしたいのか。無いことにしておきたいのか、ちゃんと活用するのか、どっちなんだ」という問題に変わっているのである。

もはや尖閣と竹島は別問題ではない。

わたしたちのアジア外交は、ここに立脚せねばならない。ここから再出発せねばならない。

vol.6 国家新戦略の旗が、民からあがる

上海に子会社を設立しようとしている企業のトップと会うと、温厚なこの人には珍しく、表情が険しい。

日本の代表企業の一つである。

わけを問うと、「中国に進出した日本企業のほんとうの決算を、徹底調査した。すると全て、実質的には赤字なんだ」と言う。

「政官財の各界とのお付き合いもあって予定通りに上海に子会社をつくるけれど、おそらく運命は同じだ。こんなに大事な情報が隠されている現状に、怒りを感じるナァ。ヒドイよねぇ、実際」

この企業の調査によると、赤字の原因は第一に、日本企業の中国進出前には受け入れ可能にみえた投資条件を、進出後は、あっという間に中国が恣意的に変えてしまい、利益の正当な確保が難しいことにある。

第二に、安いはずの人件費がじりじりと上がっている。

経済産業省の幹部や商社の役員によれば、ベトナム、インドといった投資先は投資ルール変更のリスクは中国よりは小さく、人件費の上昇があっても中国より緩やかである。いずれも確たる統計で立証された話ではないことは、冷静に踏まえねばならない。

だが中国に縁の深い経産省大物OBは指摘する。

「日本企業が、中国や外務省の不興を買うことを恐れることもあり、中国進出企業のリアルな姿が世に出ないんだよ。中国ではもともと、地区の共産党が成果を水増しして中央に報告するから統計に信頼も期待もない。しかし、それで済んでしまうんだよ。その（前出の）企業のように人脈を介した聞き取り調査をやって初めて、実態がわかる」

「中国が真に投資に適しているか、日本企業の本音では疑問が募っているのは、正しい実感だと言わざるを得ないね」

となると、前出の企業トップの語った、もう一つの重大な話をシリアスに考えねばならない。

それは「政官財とのお付き合い」のために、気の進まない対中投資をそのまま進めるという事実だ。

中国に投資を続けることは、中国の人口、成長力から必要である。

だが、中国の独裁政権に媚びつつ、ただ投資を維持するよりも、ベトナム、インド、さらにはモンゴル、インドネシアといった周辺諸国に積極投資することによって中国に危機感を抱かせ、朝令暮改のルール変更をはじめとするアンフェアな姿勢の転換を迫ることが、実経済に明らかに効果的だ。

その意味から、関西経済同友会が２００６年４月に、日中韓の関係をめぐって行った提言は、日本には稀な戦略的アクションである。

提言を通じて関西財界は、いわゆる歴史認識問題について「中韓は教科書で反日教育を行い、反日的な国民を育成している」と明確に、厳しく批判し、「歴史記述の修正・廃止を日本は強く要求せよ」と求めた。

すなわち、中韓の戦術に同調して歴史認識問題をカードとして使わせるような外交をするな、毅然たる姿勢に変われという意思表示である。

「超経済外交」が、民間のイニシアチブで始まるという期待すら感じさせる。

逆に、東京の経済同友会が、日中の経済関係への懸念から小泉純一郎首相に靖国神社参拝をやめるよう迫ったのは、むしろ経済のためにこそ稚拙な戦略である。

靖国は、神社のあり方も首相ら公人の参拝のあり方も、現状で良いわけではない。

一宗教法人であることをやめ、アメリカのアーリントン国立墓地をはじめ諸国の英霊を弔う場所と同じく、まっとうな国家管理に切り替えることから改革を遂行しつつ、国家施設への、国際社会の常識からして当たり前の公人参拝にしていかねばならない。

東京の経済同友会は、参拝をやめることが経済のためになると思い込んでいる。理念よりも現実として、果たしてそうか。

中国はあくまでも外交戦術として靖国への首相参拝を取り上げているのであって、その意にこれまでと同じく膝を屈すれば、企業が本来は見送りたい対中投資までそのまま続けねばならないという歪みと表裏一体になる。

つまり、ますます中国の術中に嵌(は)まるだけだ。

言うことを聞いたら、問題が終わるのじゃない。言うことをそのまま聞くから、いつまでもカードとして使われるのである。

経済外交のイロハのイ、そのものだ。

靖国神社をさっさと世界基準、国際常識と同じに国立施設としてしまえば、紛糾はもって5年、実際はもっと短期に終わってしまうだろう。

日本の経済人、ことに中央の財界人は恐縮ながら口では「次世代のために」、「日本の未来のために」と言いつつ、ご自分の目前のことのためにしか行動しないことが多い。

わたしは共同通信で、事件記者のあとに志願して経済記者を務め、日本経済の現場をわたしなりに歩きに歩いてから、政治記者となった。その経済記者時代の、実感である。

目の前の5年の紛糾を避けるから、まさしく次世代に、その紛糾の種を先送りしてしまう。目前の紛糾を、われら国民と一緒に真正面から引き受けましょう。

それこそが長期経営計画です。

日本と世界の経済は、いやでも中国経済と付き合わねばならない。だからこそ、もはや紛糾を回避する経営と、政治もそうして欲しいという、利のない要求は、おしまいにすべきです。

vol.7

何が通貨を信認させるか

雨季のタイ王国を訪れている。

王国の母なる大河、チャオプラヤの水面（みなも）を激しく叩く雨足をみていると、タイが世界を震撼させる情報の発信地となった夏を思い起こす。

１９９７年７月、タイの通貨バーツの急落から、アジア通貨危機が始まった。

それは、日本の金融危機とデフレ不況のトリガーともなったのである。

逆に中国は、人民元の切り下げを拒み、中国への投資拡大のきっかけを掴んだ。

通貨の信認こそが、経済外交の根源であることを、あらためて考えさせられる。

日本銀行の福井俊彦総裁が村上ファンドに投資していた問題も、総裁を辞める辞めないだけではなく、円の信認とどう絡むのか、より深く検証されねばならない。

まずモラルハザードとしての質が、報道ぶりと異なる。

福井さんは「民間人である富士通総研の理事長時代の投資だ」と強調し、メディアもこの説明そのものは受容している。

だが、福井さんはただの民間人だったのか。

日銀副総裁の当時に、汚職事件の監督責任を問われ、富士通総研に移った。日銀の大物OBは「いずれ総裁となるための一時避難だった」と証言する。

福井さんは、おのれが金融の番人、通貨の守護者となる可能性が高いと自覚していた、という内部証言だ。

その自覚がありつつ投資に手を出した。しかも総裁に就任した後も3年近く、解約しないでいた。

福井さんが自らの人生を「民」と「官」の時代に分けていたとは思えない。実はずっと「官」の意識だったのではないか。おのれが金利を司る官の側にあると知りつつ、投資したのだろう。

金利が株価を大きく動かすのは自明の理であり、これは「究極のインサイダー取引」と言わざるを得ない。

福井総裁のように人柄、能力とも優れた人がなぜ、それをしたか。

カギの一つは、福井さんの「避難先」が富士通総研だったことにある。

前出の日銀OBは「日銀の大型コンピュータが富士通製であることと関係があると、みな思っている」と言う。

すなわち福井さんは、避難先を自分で決めたのではない。官の組織決定に従ったまでだ。

実は、投資も同じである。

元通産官僚の用意したファンドに、現職の経産官僚を含め官同士で集団投資した。ただの民間人が用意した投資ファンドなら、あるいは個人が抜け駆けで儲ける話なら、福井さんは決して乗らなかっただろう。

官だけでつくる集団が組織だって動く話であったから、問題になるとは思いもしなかったのだ。

これは福井俊彦という日本型の俊才の、心の闇である。

官だけでやるなら、しかもそれが集団の行為なら何でも許されると心の底では思っている。そのおのれに気づかない。

通貨の信認は、中央銀行総裁の「個」によることも多い。ドル信認のかなりの部分を、アラン・グリーンスパンＦＲＢ議長の個性が、在任当時は長く支えてきた。

グリーンスパンさんはいまや評価が地に墜ちているが、それは退任後の評価付けの話である。

個が自立せず、組織、それも官だけの閉鎖組織に依存する日銀総裁では、新しい通貨外交を拓くことは決してできない。

マーケットに良いように翻弄される円ではなく、真の信任ある国際決済通貨としての円となるためには、個の重みと値打ちを知る新しい人材が必要だ。

ドルが凋落し、人民元が中国共産党に管理されていて国際通貨の名に値しない現在、わたしたちは日本が資源小国であると思い込むのをやめるのと同様に、円は国際決済通貨にはなれるはずがないと卑下し続けるのも、やめよう。

われらの子々孫々と、そしてアジア経済と世界経済のためにこそ。

vol.8

それでも目覚める日本

小泉さんが敗戦の日に靖国へ参拝した2006年8月、その終わりに、わたしは日本の南と北に住むひとびとから「外国の占領」を本気で憂う声を聞いた。

東京や大阪に住むひとにには実感のない話だし、何人かの政府高官に電話しても、みな「何のことだ」という反応であった。

わたしはまず、国の南端に近い宮古島、それから石垣島で2日続けて講演したとき、島民から「この緑の島が中国にやがて占領される時代が来るのではないですか」という質問を受けた。

その翌日には北海道の帯広で、今度は講演後の懇親会のとき「ロシアは根室や網走の海を全部、占領するつもりではないですか」と小声で問われた。

ロシアの警備艇が日本の漁船を銃撃し、若い船員を殺した事件をそう受け止めているのだ。

いずれも私的な講演会ではない。

政府機関あるいは自治体の開いた、国民の保護や安全を考える講演会であったが、その場で飛び出した自由な質問だ。

わたしは、南の島で答えた。

「ご質問を聞いて、ことの現場にいるひとはやはり直感が鋭いな、と実感します。しかし中国を悪者扱いするだけでは感情的なウサ晴らしにすぎません。わたしたちはリアルな現実として受け止めたい。中国で軍部の将軍や大佐らと議論を戦わせると、中国なりに子々孫々のために、かって明が琉球王国を冊封していた歴史を根拠に、沖縄とその海洋資源を手にしようと本気なのがわかります。たとえば黒島（石垣の西の小島）の海丘はメタン・ハイドレートの宝庫で、彼らは日本政府よりはるかによく、その事実を知っているのです。それを本気で奪うつもりです」

北の大地では、こう答えた。

「ロシアの銃撃の裏には、確かに新しい戦略があるようです」

「やっぱり。それは何ですか」と真剣な顔を寄せてくるこの北海道民に「ロシアには、北方領土での権益を守るためには、これまでより一歩前に出て日本を押し込めなければいけないという判断があるようです」と続けた。

これまでより一歩前に――その動きがこの2006年8月、集中的に起きた。

中国は沖縄近海で「八角亭」と名付けた新たな天然ガス田を開発し、ロシアは日本漁船を撃ち、韓国は竹島の不法占領を守る警備艇を増強した。

全てはバラバラに起きているようで、ある一点で深く繋がる。

その一点とは「日本の目覚め」(イギリスの外交官)である。

何に目覚めるのか。

日本が先の大戦に敗れたときの不法にである。

ロシアは戦後に不法に北方領土に侵入し、韓国は日本の独立回復の直前、竹島を呑み込む不法な「李承晩ライン」を日本海に引いた。

中国は、日本の独立を認めたサンフランシスコ講和条約で「日本領」と明記された尖閣諸島について無関心でいたが、そこに海底資源があるという国連の報告書が出ると急に、領有を主張した。

日本が「敗戦国だから」と頭を垂れる限りは、これら国際法上の不法はいつまでもまかり通る。

諸国は、靖国に参拝する小泉さんの背中に、頭をもはや垂れない日本を感じとった。

だから諸国は、一歩前に出て日本を抑えようとしている。わたしは小泉首相の靖国参拝を断固、支持するが、いまは参拝の是非を言っているのではない。客観情勢を述べている。

デフレ後の日本経済は、海外の市場にだけ依存しない新しい姿が必要だ。そのための新外交のひとつのヒントが、ここにある。次回に、それを考えよう。

vol.9

われら日本国民、ここにこそ怒れ

外交とは、この地球に国家のある限りは永遠に切れ目のないものだ。切れ目はないが、節目はある。

それも、交渉が決裂し戦争が迫るといった重大事だけではない。淡々とした平時にこそ、節目が現れる。

小泉政権から安倍政権への交代は、まさしく平時の出来事である。小泉さんは自民党総裁として任期を全うし、安倍さんは手続きに則った総裁選で選ばれた。

この平時の変化に合わせて外交の節目をどう付けるか。それが日本外交の勝負になる。日本外交は存在感が薄く、諸国の耳目を集めることは稀だ。しかし珍しく印象の強い小泉さんが、これも珍しく若い新首相に代わる。そのタイミングでちょうど、国連総会が開かれた。

わたしは安倍新政権と日本国にとって、なんという幸運かと考えた。政権交代を世界が注視するなか日本外交の理念と戦略を、総会でアピールできる。まさしく日本外交の節目である。

ところが、すぐにわたしは愕然とした。

小泉さんも安倍さんも、さらに麻生太郎外相も欠席と聞いたからだ。

ブッシュ大統領や、反米主義に立つチャベス・ベネズエラ大統領ら首脳が次々に演台に立つのに混じって演説した日本代表は、なんと大島賢三国連大使、すなわち一役人であった。

小泉さんの側近に、なぜ行かないのかと聞くと、「そりゃ仕方ないよ、自民党総裁選とぶつかるから」と言う。

なんだって？

この総裁選は２００６年9月20日に終わる。翌21日の午前に日本を出発してニューヨークに向かえば、充分に間に合う。ぶつかってなど、いないではないか。

わたしが今度は、麻生さんの側近にそう聞くと、「いや挨拶回りがあるから」と答えた。

こんな政治家たちが「脱官僚の政治を」などと口走っても、国民は誰も信じてはいけない。

新首相の安倍さんも、この欠席の責を問われる。

国連総会のとき官房長官であったが、首相の不在時に臨時代理を務める序列の第1位だった。

首相も外相も行かないなら、直ちにニューヨークへ飛ぶ。その動きなくして、新外交など拓けない。

わたしは小泉外交について、たとえば靖国参拝で中韓と対立したことを小泉さんが「こういう時期が必要だった」と、首相在任の最後に説明したことを支持する。

「アジア外交への懸念」なるものが、メディアの決まり文句になるにつれ、硬派のはずの識者のなかにも、靖国参拝への言説が不明瞭になった人もいる。

しかし、わたしは変わらず支持する。

なぜか。

日本の内政にあえて干渉し続けることによって日本外交の復権を封じる中韓の戦略に、ノーを告げる時期が、日本の国益だけではなくアジア国際社会のフェアネスと真の経済提携のために必要だからだ。

だがその小泉さんは、残念ながら立つ鳥、跡を濁した。

ひとつは国連総会への無気力な欠席だ。

もうひとつは退任前に首相公邸を去ったことだ。

何のために86億円をかけて公邸を改修し、24時間態勢の首相執務室をはじめ危機即応型に変えたのか。

危機管理を欠く国家であることを天下にみずから分かりやすく明示した、この振る舞いもまた、日本外交の痛手となったのである。

特別編

北朝鮮のバイオテロに備える

経済誌デスクによる青山繁晴へのインタビュー

「核実験は失敗」説が誤解を引き起こす

（以下、すべて青山繁晴の語り）

東アジアの情勢は、この２００６年10月の北朝鮮による核実験で一変してしまいました。

ここでまず、わたしたち日本国民が気を付けなければならないのは、「核実験は失敗だった」という言説です。

世の論評に表れるだけではなくて、政府の一種のプロパガンダになっていますね。

たとえば外務省の谷内（やち）正太郎事務次官は、「失敗だと思う」と明言しました。谷内さんは、敗戦後の日本の外交官のなかでは数少ない本物の愛国者ですが、これは国民益を損なうミスリードの発言です。

失敗だと言ってしまえば、日本国民が正しい危機認識を喪（うしな）うからです。なぜか。順を追って話しましょう。

実は北朝鮮は、ロシア軍に対してだけは、「最小でも5キロトン、最大では15キロトンの核爆発を予定している」と通告していました。ところが、おそらく0・8キロトンの核爆発に終わった。

実験したのは「長崎型」、つまりプルトニウムを使う型で、ミサイルの弾頭に積めるぐらいに小型化していける。

ただし、中心にソフトボール大のプルトニウムを据え、それを取り囲む通常爆薬を、100万分の1秒以下という小さな誤差で同時に爆発させ、核分裂による爆発を起こす仕組みですから、高度な技術が必要になります。

北朝鮮の今回の核実験については、周りの通常爆弾の爆発にズレがあったのか、爆縮が不十分で、「未熟核爆発」にとどまったようです。

最小でも5キロトンの爆発を予定していたのに、推定0・8キロトンに終わったのですから、「失敗」と呼ぶことが正しいかにみえます。

しかし、長崎に実際に投下された原爆も、未熟核爆発でした。アメリカが予定したよりも小さな核爆発だったのです。

アメリカは広島に投下する前には、核実験を行っていません。仕組みが単純な「広島型

（ウラン型）」は実験が不要だからです。

長崎型（プルトニウム型）は実験が不可欠なので、1945年7月に一度だけ、人類最初の核実験を行ってから投下しました。

今回の北朝鮮と同じく、たった一度の実験では不十分で、核分裂は一部にとどまったのです。しかしそれでも、後遺症を含めると現在までに14万人の長崎市民が亡くなりました。殺されました。

北朝鮮が今回、実験した核爆弾を弾道ミサイルに積んで東京に撃ち込むと、最低5000人は確実に瞬時に死にます。殺されます。

1945年の長崎に比べれば東京の建物は格段に堅牢になっていますが、人口密度が高くなっていることを勘案すれば、実際は1万2000人以上が瞬時に死亡することを覚悟せねばならないでしょう。

この平和な東京で少なくとも1万2000人以上が真っ黒になって、融（と）けて死ぬ。それなのに、「核実験は失敗だった」と強調することが、国民に対する正しいメッセージだと言えるでしょうか。

北朝鮮の核技術は未成熟だけれど、核爆発を起こした以上は無差別殺戮（さつりく）の新しい道具を手にしたのであり、大変な脅威であると、きちんと指摘すべきです。

外務省などの政府高官のなかには、わたしに「核実験が失敗だったと言わないと北朝鮮が核保有国であることを認めてしまうことになるから」と強調する人が少なくない。

しかし現実に基づくことなく、『こうあってほしくない』、すなわち、北朝鮮が核保有国ではない、と主張することは、一種の愚民政策になりかねません。

日本が直面する危機

日本が考えねばならないのは、北朝鮮が今後、核技術を成熟させていったとき、いつ弾道ミサイルに核弾頭を搭載できるようになるか、という問題です。

あらためて、しっかりと意識せねばならないのは、核実験は唐突に行われたのではなく、順を追って実施されているということ。

北朝鮮は、過去に学んでいます。

それは、1964年の東京オリンピックの真っ最中に核実験をおこなった中国に対して、アメリカが激しく非難したものの、その8年後には米中国交正常化に踏み切ったことです。

さらに北朝鮮と秘かに連携して地下核実験を成功させたパキスタンと、その直前に核実験に成功したインドについてみても、1998年の核実験から数年の制裁に耐えたあとは、アメリカを含む国際社会から実質的に核保有国として認知されるようになりました。

北朝鮮は、これらの事実を踏まえて、２００６年7月5日にまず、弾道ミサイルの連射を行ったのです。

そのミサイル連射を日本では「テポドン2号の発射」と呼んでいますが、長距離弾道弾テポドンはただの1発で、残りは、日本をターゲットにした中距離弾道弾のノドンと、韓国を狙う短距離弾道弾のスカッドでした。

そのノドンとスカッドは、すぐに墜ちてしまったようにみえますが、飛距離、命中精度、そしてペイロード（弾頭の最大積載量）のいずれも飛躍的に向上していたことが、防衛省とアメリカ国防総省によって把握されています。

その3か月後に北朝鮮は核実験を行った。

目的は、ずばり日本を狙うノドンに核爆弾を積むことです（スカッドは核を搭載するにはペイロードが小さい）。

こうして考えると、北朝鮮が暴走して核実験を行ったという見方は大きな間違いだと分かります。

北朝鮮は、冷徹な長期戦略に基づいて核開発を進めてきたし、その最後に日本に狙いをぴたりと定めた核ミサイルとしてのスーパー改良型ノドンを完成させるために、核実験を行ったとみるべきです。

長距離弾道弾テポドンでアメリカの本土を直接狙って、アメリカを本気で怒らせるのではなく、アメリカの力の最前線であると同時にアキレス腱でもある日本にターゲットを絞りながら、核保有国になることを目指しているのです。

そして、いま現在の北朝鮮にとって一番大事なのは、時間を稼ぐことです。

なぜなら実験を終えた核爆弾をノドン・ミサイルに搭載するためには、ふつうなら3年ほど、最短でも1年はかかる。

つまり、最も早ければ2007年秋にはノドン核ミサイルが、東京や大阪や名古屋に照準を合わせているという現実が迫っているということになります。

こうした厳しい現実を直視すれば、六か国協議が再開されても、それで大丈夫という話では全くない。

「対話再開」が10月末日に決まりましたが、それで一安心するというのが、むしろ最悪のシナリオになる。

六か国協議が再開され、その枠内で米朝の二国間協議も再開されたとしましょう。

アメリカは金融制裁を当面はやめないし、北朝鮮も「朝鮮半島の非核化」を口にすることが仮にあっても、核廃棄を確かめる国際査察は完全な形では決して受け容れません。

原則論の応酬で時間を浪費しているうちに1年なんてすぐに経ってしまう。

その間に北朝鮮は、日本を狙うノドン核ミサイルを完成させてしまいかねません。

金正日総書記の約束は、「守るための約束」ではなくて、「破るための約束」です。

北朝鮮と、たとえばアメリカは1994年の核危機のときに「枠組み合意」という約束をして12年の余裕を与えてしまった結果、今回の核実験にまで辿り着いてしまった。

この教訓に学ばねばならないのです。

北朝鮮が核実験に至るまでには、「時間」「技術」「お金」という3要素がありました。

「時間」は北朝鮮の約束を信じたアメリカが与えてしまった。

「技術」はもともとは旧ソ連が与え、そのあと実は中国からも学び、さらにパキスタンから汲み取った。だから、「技術」については、ロシア・中国・パキスタンの責任です。

そして「お金」は韓国と日本が与えてきました。

日本からは、最低でも年間600億円規模のキャッシュが北朝鮮に行き、そのほぼ全部が独裁者と軍に流れ、多くが核開発に費やされたとみられます。

六か国協議の歴史的使命は終わりました。

それなのに、六か国協議に過剰にこだわっていると北朝鮮に新たな時間を与えるだけです。

六か国協議というスキームは、中国を参画させるという本来の目的のひとつは達成した。その半面で、北朝鮮に核実験を実行させる隙をつくった。

これ以上、六か国協議に固執しすぎるならば、むしろそれは「戦争への道」につながりかねない。

六か国協議が再開され、ああでもないこうでもないと「対話」しているうちに、北朝鮮が核ミサイルを完成させ、その自信を背景に、ミサイルの発射演習を行うような約束破りの行動に出れば、アメリカが空・海軍を中心にした軍事行動を準備する可能性すらあります。

「平和ボケ」でよいのか?

わたしたちは、太平洋戦争に負けてから61年間というもの、安全保障の根幹をアメリカに任せてきました。

中国が天安門広場で軍事パレードを行い、そのなかで「東風21号」という核弾頭を搭載した中距離弾道ミサイルも行進したとき、河野洋平外相(当時)が「中国の新しいエネルギーを感じる」という祝電を打った。

そのミサイルは日本全土の主要都市に照準を当てている核ミサイルですから、当時、共同通信社政治部の記者として外務省記者クラブにいたわたしは驚き、河野さんに怒りましたが、同じような反応をした記者は他に見当たりませんでした。

それは、安全保障が自分の問題になっていないからです。

わたしたちはよく自分たちのことを「平和ボケ」と称します。

しかし、わたしたちの危機意識が鈍ったのは、平和のせいでしょうか。

子供たちに平和の尊さを説きながら、一方では、平和を悪者にする。危機意識を目覚めさせているためには、時々は戦争をしなければならないと子供に教えるのですか。

日本が平和になってから、たったの61年です。しかし例えばスウェーデンは、1700年ごろに当時の属領だったフィンランドを北方戦争でロシアに奪われて以来、一度たりとも戦争をしていないのに、ノーベル賞授与式を行うので有名なストックホルムの美しい市庁舎には、地下に完璧な第二庁舎があります。わたしは、危機管理の専門家の端くれとしてこれを見て、日本で言う「平和ボケ」のおかしさに気づきました。

この第二庁舎を含めて、スウェーデン全土の公共施設の多くが地下の第二施設を持ち、完璧な空調、照明を備え、食糧と医薬品の備蓄を絶やしていません。

使うことなどなかったのに、国民はそれを維持するための重い税負担に耐えている。すなわち、鋭い危機意識を持ち続けているわけです。

スウェーデンは300年以上も平和なのにボケずに、日本はそのたった5分の1の期間、平和なだけでボケてしまった。

ではスウェーデン人が賢くて、日本人が馬鹿なのか。違います。

わたしたちの危機意識が鈍ったのは、平和のせいではないのです。スウェーデン国民は一度たりとも安全保障を他国、他人任せにしたことがないけれど、日本は戦争に敗れたあと勝者のアメリカに任せてきた。

あるのは、この違いです。

嘘を嘘と知っていたのか、「非核三原則」

北朝鮮の核実験を機に、わたしたちは安全保障を、他国やお上(かみ)だけに任せることを考え直しませんか。

わたしは、日本の核武装に反対です。しかし同時に、わたしの立場としては、非核三原則はすぐにやめるべきだと考えています。

「作らない」「保有しない」という二原則はいい。しかし問題は、「持ち込ませない」という3つ目の原則です。

わたしがフランスの海軍や国防省の高官たちとパリで議論し、フランスが中国に空母を売ろうとしていたことを厳しく批判したときのことです。フランス側のひとりから「そんな批判を言うのなら、まず日本は嘘をやめてほしいね。核を持ち込ませずと言ったって、では、アメリカ海軍の艦船は、核をいったんどこへ降ろしてから日本の海と港に入っていたのかね」と大笑いされました。

アメリカの海軍は、核を積んで世界を自由に動くからこそ核抑止力を持つ。それを日本の三原則なるもののために、いちいちどこか途中で降ろして、また積んでなど、やりません。

ごくふつうに考えれば誰でもわかる話です。核の傘は受け入れつつ、その傘のほんとうの中身は知らんぷりをする。だから、フランス海軍の高級将校に限らず、アメリカ海軍も中国海軍も、日本人は安全保障では平気で嘘をつくと考えています。それが、日本の外交力をほんとうはどれほど弱めているか。

とはいえ、「非核三原則は嘘でした」なんて今さら言えというのではありません。その代わり、安倍政権はまず「非核三原則を非核二原則にする」という問題提起を、国民にすべきです。冷戦が終わったあと、アメリカ軍は核を最前線からずいぶん後ろに下げた。しかし一方で中国の膨張や北朝鮮の核保有を考えると、核をめぐっても嘘をなくしておくことが必要です。

もちろん佐世保や横須賀では反対運動の渦ができるでしょう。

そうなったら、衆議院を解散して民意を問い、国民の多数意思として「核を持ち込ませずということが絵空事や嘘であっても、非核三原則を変えない」ことを選べば、それでいくしかない。それが民主主義ですから。

大切なことは、国民がみずからありのままに議論し、選択する機会を、政治がつくることなのです。

国民に本当のことを考えてもらうためには、政治にも、マスメディアにも、リアリズムが必要です。

そもそも北朝鮮の対日工作は、何も終わっていません。拉致被害者はたった5人しか返していませんが、新たな拉致はさすがに今、やっていない。

だから北朝鮮による工作活動そのものが今はないかのような事実誤認が、政権、メディア、そして国民に広く存在しています。

けれども、治安と防衛の最前線で聞くと、たった今も北朝鮮の工作員が日本の領海、領土に不法潜入を図っている実態が浮かび上がってきます。

たとえば、日本の原発の対テロ防護は、若狭湾など一部の発電所についてはやや改善されたと評価できます。

しかし、だからこそ北朝鮮の工作員は、防護がどのように変わったか、あるいはどのように変わっていくかを調べるために、日本へ潜入しているのです。

したがって、たった今は新たな拉致事件は起きていなくても、この先、金正日総書記の死去などによって事態が変われば、ふたたび日本国民が拉致される怖れも、厳然とあります。拉致を防ぐことのできる国には、なっていないのですから。

北朝鮮の工作員は、治安当局の非公式な分析によれば日本にざっと2万人いる。世代を継いで、その規模を維持している。

コアの部隊は500人ほどのようですが、2万人のなかには、特別指令が来なければ定年まで勤め上げるサラリーマンもいれば、普通の主婦もいる。

そんな国が、核爆弾を持つようになってしまった。そういうリスクが動かせない新しい現実としてあるからこそ、リアルに議論しなければなりません。

北朝鮮の思惑は何か

日本の官僚のなかには、「北朝鮮が核を持って攻撃を仕掛けるのであれば、日本ではなくて、朝鮮統一を目的として韓国へ南進する」と説く人がいます。

驚くほどに現実離れした分析と言わざるを得ません。

現実の北朝鮮は、南進どころではない。

核保有国になろうとしていますが、その一方で通常戦力は目を覆うような惨情です。飛行機は、ボルトの定期交換もできずに空中分解が怖くて飛べない。戦車も装甲車も燃料がなくて走れない。歩兵は弾薬も食糧も不足していて、長い行軍はとても無理な状況です。

これで、どうやって南進できるのでしょうか。

仮に北朝鮮がノドン・ミサイルに核弾頭を搭載して韓国に撃ち込んだとしても、通常兵力で韓国軍や米軍を押しのけて海に突き落とし、韓国を占領する力はありません。

米軍は今、韓国の「戦時指揮権」を自ら放棄して、韓国に渡そうとしています。盧武鉉政権がみせてしまった、韓国社会の底にある反米主義に嫌気がさした面もありますが、主たる理由は、北朝鮮軍がもはや南進などしないからです。その恐れがあるのであれば、米軍は決して、指揮権を手放したりしません。

金正日総書記は、核さえ持てば、兵器の交換部品も燃料も弾薬も食糧も医薬品もなくても、体制崩壊だけは避けられると思い込んでいます。

現実の北朝鮮指導部の目標は、南進して統一することではなく、金一族による独裁をどうにかして護っていくことなのです。

統一を求めないというのは、韓国側も同じ。韓国は、東西ドイツの統一からよく学んでいます。

資本主義社会の優等生で、あの強い通貨マルクを持っていた西ドイツが、社会主義圏では最も優等生だった東ドイツをのみ込んで統一したら、あっという間に経済が傾き、高い失業率に苦しんだ。

北朝鮮は、社会主義圏における最悪の劣等生です。

自由がない代わりに人民が飢えないのが社会主義なのに少なくとも１００万人をはるかに超えて、脱北者の証言では３００万人とも３５０万人とも言われる餓死者を出している。

また韓国も、かつての西ドイツに比肩するような経済力は持っていない。韓国は、統一すればすぐに国が傾くことを知っている。

だからこそ韓国は、北朝鮮をそのまま生き延びさせる太陽政策を採った。「少なくとも当面は、このまま分断国家のままにしておきたい」という現実的な思いがあります。

韓国陸軍の将軍が、ソウルでわたしにこう言いました。

「金日成の銅像をどうするかという問題ひとつをとっても、統一は無理だとわかります。北の全土あまねくに立つ銅像を撤去したら、北朝鮮の人々の精神的な基盤が崩壊して、韓国を巻き込んだ大混乱になる。一方で撤去しなかったら、韓国の大義が揺らぐ。分断された現状のままが実は一番いいのが現実です。ほんらいは決して口には出せないけどね」と。

彼の名前を世に出さないという約束を、わたしが守ることを知っているから、本音を語っているのです。

しかも、現時点において北朝鮮の独裁者は、独裁の至福を享受しています。

それだけの餓死者が出てもなお、独裁者だけは酒池肉林の食道楽を追求したあまりの糖尿病に悩んでいるのですから。

この独裁が続く限りは、自棄になって暴発したり、自殺行為に至ることはありません。

金一族は、現在の状況を変えたくないのです。

そのために独裁者が成し遂げたいことは、南進などではなく、アメリカという世界の支配者を味方にすることです。

そして日本は、アジアにおけるアメリカの最強の同盟国であると同時に、交戦権すら放棄した憲法を持っている。

国民が平気で「平和ボケ」と自らを揶揄する国がアジアにおける最重要の同盟国であることは、アメリカのアキレス腱にもなっています。

だからこそ北朝鮮は、アメリカとの交渉を有利に持っていくために、日本をターゲットにした核ミサイルとしてのスーパー改良型ノドンを一生懸命開発しているわけです。

もう一度言いますが、アメリカをターゲットにしたテポドンは本命ではありません。見せ掛けだけです。

北朝鮮の本音は、アメリカとうまく共存したいということですから、アメリカと本気でやるつもりは、すでにない。

また、現時点においては、ノドンに核弾頭を搭載するようになっても、日本に向かって撃つということもよほどのことがない限りありません。

日本を攻撃する意思がないということではないのです。

前述したように、独裁者が独裁のうまみを享受しているうちは、撃たない。

弾道ミサイルは、それが長距離の大型ミサイルの場合、燃料注入などの発射準備にかかっただけで、アメリカのスパイ衛星に見つかる。

日本をターゲットにしている中距離弾道弾のノドン・ミサイルは、トレーラーに載せた移動式も多くてふだんは隠れていたり、地下化されている発射基地もあります。

しかし、いずれにしても撃てば、必ずアメリカの知るところとなり、それが核弾頭を搭載したミサイルであったりすれば、アメリカの空・海軍は政治などの情勢がどうであれ、全面攻撃をおこないます。

そうなれば、金一族の独裁体制は確実に崩壊するから、ミサイルは、ほんとうは外交カードです。これが世界の外交の常識でもあります。

軍事力で裏打ちしない外交が、外交であるということになっている奇妙な主権国家は、すくなくとも主要国では、この日本しかありません。

日本国民が最も警戒すべきこと

実は、リアルな意味で怖いのは、弾道ミサイルよりもむしろ、生物兵器を使ったバイオテロを日本に対して仕掛けられることです。

ミサイルと決定的に違うのは、バイオテロの場合、北朝鮮が実行しても証拠を掴むことは極めて難しい。

それは何を意味するか。

世界の誰もが北朝鮮のテロだと分かるのに、アメリカ軍を含めて、世界の誰も北朝鮮に何もできない。その結果、北朝鮮にだけは世界のルールを適用することを誰もが諦めて、北朝鮮の独裁者一族は、「核開発を凍結する」という言葉を弄するだけで、食糧支援から果ては現金の拠出まで、援助を手に入れてしまうことがあり得ることを意味します。

たとえば、たった一人の工作員が、北朝鮮の保有する天然痘ウイルスに感染した状態で、北京発成田行きの飛行機に乗ったら、それでテロは事実上、ほとんど完成します。

兵器化された天然痘ウイルスは、感染者に接触しなくても飛沫感染、つまりツバだけで感染する恐れが強いので、工作員が軽く咳をしながら一度、機内のトイレに行き、一度機内を歩くだけで、その飛行機の乗客は全員感染するでしょう。

そして成田空港から日本の隅々へ、その日のうちに乗客は感染に気づかないまま散らばっていきますから、あっという間に日本中に感染が広がります。

おそらく日本政府が「天然痘」だと発表していない段階で、朝鮮中央テレビは「日本こそテロ国家である。なぜなら自国民を天然痘ウイルスで殺害しているからだ」と放送する。

そうなれば、だれもが北朝鮮の犯行だと確信しながらも明白な証拠はない。

感染した工作員が自害すれば、その遺体を調べても何もでてこない。

これでは米軍も何もできません。

アメリカができることは、日本と共同して国連の安保理の議題とすることでしょうが、証拠もないまま仮に北朝鮮を追及しても、激しく否定され反論されているうちに、空しく時間が過ぎ、日本では感染者がどんどん増えていきます。

そうしたとき、日本の世論から「もうあの国と事を構えるのだけはやめよう。拉致被害者が帰ってこなくとも、食糧も医薬品も、あるいは現金でさえもとにかく何でも支援して、二度とこんな恐ろしいことが起きないようにしてくれ」という声が湧きあがってくることは避けがたい。

テロリズムは、それが国家の手で行われるとき、戦争とは手段が違うだけではなく、目的も全く違います。

戦争のように、相手国を打ち負かしたり占領したりするのではなく、テロは、相手国の社会を動揺させ、世論を変え、自国に有利な方向へ導くのが目的です。

日本がもし天然痘ウイルスに侵される事態になったとき、備蓄されているワクチンを薄めて使ったとしても、およそ4000万人分から5000万人分しかない。

アメリカはワクチンを日本に輸送して被害の拡散を食い止めようとするかもしれませんが、同時に、北朝鮮に対しては「現体制のままの生き残りを認めよう」という姿勢に転じるかもしれません。

……そして北朝鮮は現実に、兵器化された天然痘ウイルスを保持していると国連の専門家は考えています。

ソ連がかつて、兵器級の天然痘ウイルスをアメリカと競って開発して保有し、そのソ連が崩壊したとき技術者がウイルスを北朝鮮に売った怖れが強いからです。

アメリカの経験が活かされるか

アメリカが2005年9月から推し進めてきた金融制裁、すなわち北朝鮮が偽札、偽タバコ、麻薬・覚醒剤で儲けた裏金をロンダリングする口座の強制封鎖は、本当の目的を「金正日体制の転覆」に置いています。

こうした口座のカネは、金正日総書記が、軍部の将軍たちに渡す贅沢品、すなわちスイス製の高級時計、ドイツの高級車、金製のアクセサリー、ブランドものの衣服、ブランデーなどや、食糧、医薬品を主としてヨーロッパで購入するための資金です。

それを凍結すれば、軍部に不満が広がり、やがてはクーデターの準備につながる可能性がある。

そのとき、もしもクーデター準備が本物レベルとなれば、その時点で独裁者は抵抗がもはや難しくなる。金正日総書記をはじめ金一族が直接、把握しているのは工作機関だけです。

工作機関はもちろん武装はしているけれども軽武装であって、軍と戦うのは無理です。

そのタイミングで米中の連携がうまく働けば、中国が金一族に手を差しのべて亡命を働きかけることができる。

これはアメリカの、シビアな経験に基づくシナリオです。

イラク戦争が始まる直前、アメリカは戦争を回避する唯一の方途としてサッダーム・フセイン大統領（当時）に亡命を持ちかけました。事後に、わたしがアメリカ国務省の幹部に聞いたことです。

この幹部によればアメリカはそれだけではなく、中東の親アメリカ諸国に根回しをして、受け入れ先を探し、最終的にサウジアラービアのサウド王家が受け入れを決めたそうです。

ところがフセイン大統領は「数年は、確かにサウジアラービアがわたしに安全な暮らしを提供するだろう。しかし、その後にはアメリカに売るだろうから、サウジアラービアには行かない」と拒絶しました。

そこでアメリカは、フセイン大統領が潜んでいた地下施設にトマホーク巡航ミサイルを撃ち込んで戦争を始めたといいます。

ブッシュ政権は、本音のところでイラク戦争を国家戦略として失敗だったと考えています。

米兵の死が３０００人に届こうとしている（最終的には４０００人を超えた）ことだけではありません。

反アメリカ国家としては最強レベルのイランの勢力を、イラクの南部へ、すなわちイスラエルからすれば自国の方向へと画期的に伸張させてしまったからです。

フセイン大統領という独裁者を戦争ではなく亡命によって排除し、バース党や軍部、官僚機構をうまく活用すれば、イランの力をさほど借りずに、イラクを占領統治できたかもしれない。

しかし戦争で解決しようとしたために、イラク南部のイスラーム教シーア派の武装抵抗を招き、それを抑えるには、シーア派国家であるイランの影響力を実質的に借りるほかなくなってしまった。

アメリカはこの教訓を「朝鮮労働党の長年の友党である中国共産党なら、フセインにとってのサウジアラービアとは違って、金正日に信用されるかもしれない。亡命を実現できるのでは」という注釈付きで、中国の高官に伝えています。

そこで中国は、まず中国銀行に香港にある北朝鮮の裏口座を封鎖させ、イランと北朝鮮の裏貿易に使われている口座も封鎖しました。

中国にとってイランは大切な友邦であり、中東におけるかけがえのない拠点ですが、それでも金正日総書記の裏資金との関わりだけは許さないという行動に出たのです。

だからこそ金正日総書記は、この裏口座封鎖という金融制裁だけは、すぐに取り除きたいと必死です。

アメリカはそれに注目し、「六か国協議のなかに金融制裁をめぐる作業部会を設置する」という餌を出した。その瞬間に、北朝鮮はぱくりと食いついてきた。

アメリカのボルトン国連大使は、それで「やっぱり金正日は、裏口座の封鎖という金融制裁に苦しんでいるんだ。制裁は効いていると改めてよくわかった」という趣旨を周辺に語っています。

一方、北朝鮮は、六か国協議をいっそう活用して、核ミサイルを完成させるための時間を稼ぐだけではなく、制裁の緩みを作り出そうとしている。それは巧妙で、したたかな金正日総書記らしい戦術です。

姿なき証拠なきテロに対して何を備えるべきか

日本は、米中が連携している金融制裁に参画するかどうかが極めて重要な選択になります。

実際、日本政府の当局者はわたしに「日本には、北朝鮮の裏口座とみるべき口座が30以上あるようだ」と告げました。

安倍政権が裏口座の封鎖に踏み切るためには、新法が必要です。

アメリカが現在、他国の銀行にある他国の口座を実力封鎖しているのは、9・11同時多発テロを受けて作った「愛国者法」という新法に拠っています。

安倍政権がそれをやるなら、アメリカの「テロ阻止のためなら何でもできる」という人権侵害型の法律ではなく、わたしたちの日本型民主主義にふさわしい新法にせねばなりません。そして国民も、姿なき証拠なきテロにみずから備えねばなりません。

金正日総書記がもっとも嫌がっている米中による金融制裁に、日本も乗っかろうとすれば、その動きを阻止するために、北朝鮮が日本でテロを遂行する危険が高まります。

眼の前にあるテロの脅威に備えるには、お上(かみ)に任せきりにはできません。

一番怖いのは、前述した天然痘ウイルスです。たった一人の工作員を感染させれば、運搬しなくてもいい。北朝鮮は、炭疽菌(たんそきん)もボツリヌス毒素も保有しているとみられますが、白い粉末状にして運搬せねばならないし、感染力がゼロです。もっとも使いやすく、もっとも社会不安を広範囲に広げることのできる天然痘ウイルスが当面のリアルな危機です。

天然痘ウイルスの場合、必ず赤い斑点が出る。その平たくて赤い斑点はやがて、皮膚の上で一気にすべて盛り上がっていきます。斑点がバラバラに膨らむ水疱瘡(みずぼうそう)とは、そこが違う。

こうした最低限の知識を、一般国民や地域の自主防災組織や消防団が理解していて、早期に感染のアラームを鳴らしてくれれば、そこにワクチンを集中投与することにより、感染はぴたりと止まります。

つまり、バイオテロはそこで終わるわけです。

逆に、その最初のアラームが遅れてしまうと、天然痘ウイルスは感染力が強いので凄まじい勢いで広がり、ワクチンが決定的に不足する事態になっていく。

ミサイルの発射準備は、政府がアラームを鳴らすことができます。

しかし天然痘ウイルスのようなテロは、1億2700万の国民のすべてに警官や保健師が張り付いているわけにはいかないのですから、わたしたち自身が留意するしかない。

そして、日本国民がそのように自ら護る国民に変わることが、テロに対する最大の抑止力になるのです。

だから、北朝鮮のテロ能力について、しっかりと述べました。

「そんな恐ろしいことを考えねばならないのなら、金融制裁で米中と連携したりしないでほしい」と思う人もいるでしょう。

しかし、金融制裁を日米中で強めていった結果として、金正日総書記が亡命を含めて不在となり、そのあと紆余曲折（うよきょくせつ）はあっても金一族の独裁の終焉がやがて仮に実現したら、そのあとの北朝鮮はどうなるかを考えてみてほしいのです。

すぐに良き民主主義政権が出現することはありません。現れるのは、軍事政権です。すなわち金一族の代わりに軍部が集団でおこなう独裁政権です。

アメリカは、それでも当面は容認するつもりだし、中国は、金一族よりも軍部の方がより親中派だから、大歓迎です。

韓国も、北朝鮮が根こそぎ崩壊して拙速の統一となり、韓国が共倒れになるよりも、北朝鮮という国家が存続することを少なくとも中期的には本音では深く歓迎します。

名目上は、緩やかな連邦である「統一高麗連邦」を韓国と北朝鮮軍部の合意によって誕生させ、韓国出身の潘基文（パンギムン）事務総長のもと国連の議席をひとつにして国際社会にアピールし、韓国人の高いプライドを大いに満足させるかもしれないけれども、実態としては北朝鮮という国家をむしろ安定的に存続させようとするでしょう。

そして、その韓国の意図こそが北朝鮮軍部の合意を生む。

ひるがえって、この情況がもしも生まれたら、日本にとってはどうか。

金正日総書記がいなくなった後に誕生する軍事政権は、やがて「金正日総書記は実は、悪行を重ねていた」という宣伝を国民に対して、そろりそろりと進めていく可能性があります。

そうしないと、赤ちゃんのときから例外なく「金正日将軍さまは神さま」と刷り込まれて育った北朝鮮の国民を統治できません。

日本人の誘拐は、金正日総書記の指示のもとで工作機関が行ったことであり、軍はさほど関与していません。

だから、同じ独裁でも軍主導の政権なら拉致被害者をひとり残らず解放して、国民のなかの金正日像を失墜させ、同時に国際社会での新政権のイメージを向上させることを狙う可能性がある。

つまり、金正日体制が崩壊することで初めて、日本が拉致被害者を全員、取り戻せる勝機が生まれるのです。

たとえば、横田めぐみさんは、独裁者の息子たちの家庭教師をして知りすぎているから帰国できないとみられています。しかし、この展開になれば、帰国への希望が生じます。

拉致被害者の全員が、ひとり残らず帰国できる展開になることだけが、拉致事件の解決です。

もしも、拉致被害者のうち、ただひとりでも見捨てるとするなら、日本を国民国家と呼ぶことも、民主主義国家と呼ぶことも、二度とできません。

日本が、国民を唯一の主人公とし、そして最終責任者とする民主主義国家であるのは、戦争に負けてアメリカに民主主義を教わったためではありません。

学校で「敗戦後にアメリカが民主主義を日本にもたらした」と教え続けているのは、思い込みに基づく誤りです。客観的に、事実誤認です。

アメリカが日本に持ち込もうとしたのは、多数決の原理を含めアメリカ型の民主主義に過ぎません。

日本は遙か昔から、アメリが建国されるよりずっと古くから、オリジナルな民主主義を持っています。それは文字通り、民こそが第一と、国際社会では皇帝にあたる歴代の天皇陛下ご自身が古代から考えてこられたという、世界に例のない歴史です。

だから京都御所には、玉砂利を踏んで誰でも近づくことができて、その塀をぺたぺたと触れます。途中にお堀もなければ、砦もありません。その塀は低いから、天皇陛下のお住まいが半ば、見えます。

こんな皇帝の住まいは、諸国にありません。日本の天皇陛下だけは、ご自身よりも、皇族よりも、民を第一とされているから、民に襲われる心配がなく、何も守る必要がないのです。

京都御所は、だから、誰でもやすやすと行ける、わたしたちのたいせつな現場です。

日本が新しい生き方を経済にも政治にも社会にも創りあげていくためには、オリジナルの民主主義を持つ国としてのアイデンティティを、日本が確立し直すことがどうしても必要です。

拉致事件の解決とは、最後のひとりまで取り返すこと以外にはないと国民が決意を定めることが、その出発点です。

わたしたちは、六か国協議を利用しようとしている北朝鮮に騙されてはなりません。日本の現在の独自制裁を続け、国連による制裁の開始や維持にも強力に寄与し、さらには日米中が連携して、新しい金融制裁をも実行していくべきなのです。

（インタビュー終わり）

（その後、ブッシュ政権はイラク戦争の後始末をはじめ中東に注力するためにも、北朝鮮への金融制裁を打ち切り、日本は終始、それを横目で見ているだけだった。

金正日総書記は亡命に追い込まれることを免れたが、みずからの贅沢生活のために引き起こした病から、死に至り、何らの実績もない三男坊の金正恩さんが独裁を継いだ。

これ以上の好機はない。

今こそ、日本が主導して制裁を強化して、金一族の独裁を、飢えた北朝鮮国民のためにも終わらせねばならない。　２０１２年2月、記）

vol.11

金一族は、パリで何をしているか

安倍晋三首相は、就任して初の外国訪問に、アメリカではなくまず中韓を選んだ。首相就任まえの早い段階から、側近たちがわたしに予言していた通りの行動であった。では、次の訪問はどこか。ふつうなら、ここで訪米となる。だが安倍首相は欧州歴訪を選んだ。

二度の選択には、隠れた共通のターゲットがある。北朝鮮だ。

安倍政権は、中国の胡錦涛主席の本音をこう読んだ。……「金一族の独裁を取り除くことでむしろ北朝鮮という国家の存続を図り、北朝鮮の崩壊で親米勢力が中国の喉元まで迫ることを防ぐ」。

金正日総書記が朝鮮人民軍に物品を買い与えるための裏資金、その口座を封鎖したアメリカに、中国は協力している。

中国銀行は、北朝鮮が持つ自行の口座を凍結した。さらに日本の当局者がわたしに語った情報では、イランが北朝鮮との裏貿易に使う口座まで、凍結している。当局者の口調には「イランを友邦とする中国が、そこまでやるか」という驚きが滲み出ていた。

これは、金総書記と軍との関係を確実に悪化させる。軍にいれば下級兵士でもコメが口に入り、高級幹部は贅沢品ももらえる。このインモラルな利害関係が、独裁者と軍をつないできた。金総書記には軍歴がない。軍上層部に賄賂が贈れないとなれば、馬鹿馬鹿しい話だが、独裁の基盤が揺らぐ。

胡主席が金総書記を追い詰めるのには、内部事情もある。

胡主席は今、江沢民前主席の残滓と闘う権力闘争の、ただなかにある。その江前主席は金総書記と個人的にも親しく、常にかばっていた。

だから中国共産党や人民解放軍には金正日擁護派がまだ根深く存在し、江派と重なりあう。それを排する権力闘争と絡む以上は、胡主席は金総書記を追い詰めることをやめない。

追い詰めた先の流血は、中国も日米韓も望まない。北朝鮮軍がクーデターを遂行せずとも準備に踏み込むだけで、工作機関にしか確たる足場のない金総書記は、暴発も難しくなり、亡命が現実味を帯びる。

わたしは、日本の政府当局者の情報に基づいてパリに入った。フランス政府の女性の高官がアンバリド（廃兵院）近くのカフェに来てくれた。わたしが彼女のいる政府機関に現れたという記録を残さないためという。そして彼女は驚きの事実を明かした。

金総書記がパリで亡命用と思われる広大なマンションを買おうとした事実である。フランス政府は不正な購入資金であることを理由に、極秘のうちに取引を凍結させた。これは、金一族が不測の事態に備えて亡命を具体的に準備し、しかも中国を忌避してフランスを亡命先に選んだという、一切公表されていない重大な新事実を物語る。

安倍首相の欧州歴訪は、このフランスも含む。亡命受け入れをめぐり非公式に議論すれば日本外交に「リアルな政治」が加わる。

金総書記を亡命へ導くことそのものが、まだ成功するかどうか不透明だし、仮に成功するとしても時間がかかる。

成功のカギは、アメリカが最後まで姿勢を変えずに貫くかどうかにある。

安倍首相は、アメリカとの関係に自信を持つから、訪米を後回しにしている側面もあるが、いずれ訪米するときには、アメリカに真正面から「後退するな」と言えるかどうかが問われている。

vol.12

硫黄島がほんとうに問うもの

忘れられていた島、いや、わたし自身も含めて忘れていた島を訪れた。

先の大戦末期に、東京都の一部であるこの島をアメリカが奪いに来て、日米双方の将兵およそ5万人が死傷した。

それは硫黄島である。

立入禁止のこの島に入る許可を求めて、防衛庁と交渉するとき、わたしは繰り返し、こう述べた。

「アメリカ人のクリント・イーストウッド監督の映画で、硫黄島は急に話題になっています。しかし硫黄島は東京都に属する、日本の領土です。日本国民の眼で、映画にもない真実があるならそれを見て、ひとびとに伝えねばなりません」

難交渉が実り、小型機で硫黄島に着陸したとき、わたしの足が滑走路にどうにも降りない。

ためらいつつ、ようやく降り立つと、わたしはひざまずき、そして土下座をして滑走路を撫でまわした。その真下に、数知れぬ、ふつうの日本人が60年以上ものあいだ、故郷に帰れず閉じ込められているからである。

硫黄島は、グアムやサイパンといったマリアナ諸島と東京の、ちょうど中間にある。その絶好の位置にあって、さらに神のいたずらか擂鉢山（すりばちやま）という火山を除けば真っ平らに近い。天然の空母だ。

米軍は、マリアナ諸島から日本本土を爆撃する中継地にすると決めた。硫黄島を活用すれば、より多くの爆弾で、より多くの日本の民間人を殺せる。

だから米軍は、硫黄島の攻防戦の真っ最中に、野に斃（たお）れた日本兵の亡骸、あるいは地下壕に立て籠もる生きた日本兵の上にそのままコンクリートを流し込んで滑走路を造った。1日も早く、爆撃機の離着陸を始めるためである。

戦争が終わってから23年後の1968年、硫黄島が日本に返還されたとき、島を米軍から引き継いだ自衛隊は、滑走路の西端から2割ほどだけを剥がして英霊の遺骨を収集し、あとはそのまま滑走路として使い続けている。

栗林忠道中将の率いる日本軍は、全長18キロもの地下壕を、狭い島に張り巡らせた。

米軍はブルドーザーで壕を潰し、隙間から火炎を吹き込んで日本兵を焼き尽くした。その壕を掘り起こすことはしないまま、戦後日本の自衛隊機、海上保安庁機が離着陸してきたのである。

わたしは壕を這いつくばって進み、火炎放射器に黒く焼かれた地中の天井を触り、遺された兵の地下足袋や無線機を調べながら、硫黄島の真実を「戦争は悲惨だ」「平和は尊い」と語るだけでは足りないのだと、それが胸に迫った。

平和を語るだけなら、戦後の日本も続けてきた。

島の日本兵は、大半がサラリーマンやタバコ屋さんといった、ふつうの日本国民だ。それが何のために、逃れようのない死を知りつつ土中で戦ったか。

自分のために戦った兵は一人もいない。

「本土空襲を1日でも遅らせたい」、その一心であったから、指揮官の栗林中将は、自決もバンザイ突撃も禁じ、5日で終わるとされた戦いを36日間もちこたえて全滅した。

それは「本土で空襲を逃れて生き延びる日本国民が、その子々孫々とともに新しい日本を造ってくれる」という祈りでもあった。

では、わたしたちは日本をどんな国にしたのか。子が親を殺め、親が子を殺める、そのニュースすら当たり前に近い。硫黄島が問うているのは、日本を受け継いだわたしたちの生き方だ。

このコラムの通しテーマである新しい外交の樹立もまた、その視点から見直していきたい。

vol.13
通貨の番人よ、私心を去れ

外交にはツール、使い易いうえに力のある道具が不可欠だ。強力な外交ツールの代表格は、軍事力である。しかし軍事力を上回る、究極の外交ツールが上位にある。何か。

それが通貨だ。通貨の本質だ。

アメリカが冷戦に勝ち、「世界政府」として振るまうことができたのは、軍事力よりもドルの力である。ソ連がアメリカと直接は一度も戦うことなく敗れ、崩壊したのは、ドルに負けたのだ。

そのドルが一時期の絶対的な信認を世界市場で今に失ったために、アメリカは世界政府の機能を失い、たかが北朝鮮の核実験を許し、イラク戦争も、反米国家イランがイラク南部を油田ごと実質的に手に入れたに近いという敗北で終わる。

逆に言えばEUはユーロの実力向上によって、アメリカに対抗できる軸をつくろうとしてきた。中国も人民元の信認向上が外交力強化に繋がることを学び、すなわち諸国は、ドルの揺らぎというチャンスを生かしつつある。

そのなかで2007年前半の現時点では円が売り込まれている。(2007年7月に円は1ドル=124円台を記録)

背景はエコノミストから様々に説明される。いずれも、まさしく様々に正しい。だが根本は「日本は中央銀行の独立がない国だ」とマーケットに見抜かれたことにある。

中央銀行の独立をたいせつにしない国は、他の何がよくても後進国だ。

日銀は、昨年12月に引き続き、今年1月も利上げを見送った。個人消費の伸び悩みなどが理由とされ、それも確かにある。

だが政治から「参院選を控え、景気停滞を招くかもしれない利上げは困る」と露骨に重い圧力がかかり、その政治が望んだ通りの日銀の結論になったことは事実である。

少なくとも日本政治が中央銀行の独立を優先させていない現実は世界に示されたのだから、日銀は利上げを見送るにしても、その政治介入に対して強烈な批判を述べたうえで見送りを決めるべきだった。

それこそがマーケットへの、せめてものメッセージだからだ。

なぜ日銀は、それをできないか。

村上ファンドに投資していた福井俊彦総裁の辞任を国民が求め、政治はそれに反し留任を認めているからだ。主権者を抑えてまで護ってくれる相手を批判できるか。

福井さんは、その能力において歴代の総裁のなかでも出色の人である。マーケットの評価も高かった。だから種々の世論調査で7割を超える国民が辞任を求めても、職に留まることこそ自分の責任だと考えているのだろう。

株価は、景気の先行きにもちろん左右されるが、直接的に株価を動かすのは、それより金利だ。

わたしは共同通信の記者時代に証券記者も経験した。その実感でもある。当時の証券取引所には、「場立ち」と呼ばれた勝負師たちがいたが、彼らの口を突いて出るのは日にち毎日、金利、キンリであった。

金利が上がれば筋のよい大型資金は必ず、株式投資から離れていき、株価は下がる。

金利が下がれば、逆に、大型資金ほど株式に戻ってくる。この定理は、株式市場のある限り変わらない。親しかった場立ちは、眼鏡の奥の光る眼をよけいに光らせながら「青山さん、キンリさんにゃ、勝てないよ」と言った。

だから金利を動かす立場にある中央銀行総裁は、決して株に手を出してはならない。

違法か合法か、そんなことは関係ありませぬ。

福井さんは総裁に就任後も、しばらく村上ファンドへの投資を続けた。それだけで、たったそれだけで日銀総裁は辞任に値する。細かい経緯は、これも関係がない。
福井総裁は公に尽くすことを考えているつもりだろう。
だが、「有能な私が、職に留まることこそ」と考えるのは、すでに私心である。
自ら職を辞し、日銀が政治に遠慮せねばならない弱みを、消す。
そこから再出発して円を正当な範囲内で強くせねば、経済外交は根から崩れる。

特別編

日本は核武装に招待されている

経済誌デスクによる青山繁晴へのインタビュー

北朝鮮を核保有国として認知するための合意文書

（以下はすべて青山繁晴の語り）

北朝鮮の核開発をめぐる六か国協議が、２００７年2月13日に合意をみました。その内容は、日本の生存を危うくするものです。

この2月13日は、北朝鮮の核開発が画期的に進む出発点になり、さらには、朝鮮半島から核がもはや、なくならないということを確認した日になることでしょう。

日本のマスメディアは、いつものとおり一定の批判や疑念はまるで保険をかけるように呈しつつも「朝鮮半島の非核化への最初の一歩ではある」、「歯止めはかかった」と横並びで報じています。

基本的に間違っています。

それが、わたしの偏った見方ではないことは、合意の全文を読んでいただければ誰でも、外交や安全保障の専門家でなくとも分かります。

合意の全文は、ほぼ全紙に掲載され、ネットでも見ることができるのです。

外交でも安全保障でも、わたしが常にいちばん訴えたいことは、主権者が、日本の主人公にして最終責任者が自分の眼で見て、自分の頭で考えるということです。

今回の合意は、その機会でもありますね。

合意の全文に従って、具体的に見ていきましょう。

まず、「寧辺（ヨンビョン）の核施設を停止し、封印したら5万トンの原油を供給」とあります。

しかし寧辺の核施設は、北朝鮮にとって、もうとっくに用済みです。

長崎型原爆の材料であるプルトニウムをつくるためだけの原子炉です。思い出してください。昨年（2006年）10月に北朝鮮は、その長崎型原爆の核実験を済ませました。材料のプルトニウムを取り出しているからこそ、その実験を行うことができたのです。

総量では約50キロのプルトニウムを取り出し終わっているという見方で、諸外国はほぼ一致しています。北朝鮮の高くはない技術でも8個以上の長崎型原爆をつくれますから、もう材料は要りません。

しかも合意の直後、日本時間2月14日の未明、アメリカ東部時間の13日昼にアメリカの高官に電話で聞くと、寧辺の核施設を「waste facility（ゴミ施設）」と呼んでいました。彼らはスパイ衛星で見て、北朝鮮みずからすでに廃炉の作業を始めていることを知っているのです。

寧辺は古い施設でもあり、役目も終えたから、みずから閉じつつある。稼働していない、壊し始めているゴミ施設を、いまさら使用停止にして封印することには意味がありません。

北朝鮮は痛くも痒くもないのに原油5万トンがもらえる。アメリカも中韓露も、公式には「しかし残りの核施設をすべて申告し、無能力化すれば、それで初めて95万トンを供給し、計100万トンとなる合意なのだ」と強調していますが、笑止千万と言わざるを得ません。

合意を読むと、それは北朝鮮の自主申告であり、無能力化の措置も自分で「やりました」と述べるだけなのですから。

ＩＡＥＡ（国際原子力機関）の査察が入るのは、すでに停止している寧辺の核施設の「停止」と封印だけ。

残りの95万トン分の核施設については、北朝鮮が勝手にリストアップするだけです。査察は義務付けられていません。

北朝鮮が急に正直になるとは想像できない。いわば、ブラックジョークのような話なのに、それで95万トン出すという合意をしてしまった。つまり、北朝鮮がポーズだけみせれば原油を１００万トンあげる、という合意になっているのです。

しかも、その１００万トンには意味があって、北朝鮮が実際に使っている1年分の重油に相当します。

要するに北朝鮮に対して、1年間という時間をタダでくれてやるという結果になります。

さらに合意文書を読み進めると、去年（２００６年）7月に連射した弾道ミサイル、すなわち原爆の運搬手段としてのミサイルに一言も触れていないことに気付きます。その３か月後に実施した核実験、そこでつくられた原爆についても全く書かれていない。

さらには、広島型（ウラン型）原爆についても言及がない。

結果的に弾道ミサイルも、それに載せる長崎型の原爆も、爆撃機に載せやすい広島型の原爆も、すべて容認したことを意味します。

核廃棄のための合意どころか、北朝鮮を核保有国として認知するための合意になっている。

広島型の原爆をどの程度、開発しているかどうかは未確認ですが、北朝鮮の手元には、「タダでもらった1年間」「去年7月に演習した弾道ミサイル」「それに載せるよう、去年10月に実験を済ませた長崎型原爆」が、合意によって逆に確保されたわけですね。

北の核実験は、核分裂が途中で止まる未熟核爆発ではありましたが、長崎に実際にアメリカが落とした原爆も未熟核爆発でしたから、大量虐殺の能力はある。

北朝鮮は、与えられた1年の間に、長崎型原爆を小型化してミサイルに載せればいい。軍事常識では、長くても3年、最短だと1年で可能です。

北朝鮮の核が本当に脅威なのは日本だけ

ここで、あらためて留意すべきは、昨年（2006年）7月のミサイル連射の中身です。

日本のメディアの多くは、いまだに「テポドン2号の発射」と呼んでいますが、アラスカに届く長射程のテポドンは、どうでもいい。北朝鮮はアメリカ本土に撃ち込むような愚かなことはしないからです。

もともと戦争に弱いからこそ、したたかな彼らは、日本がハワイというアメリカ領を侵したから原爆を落とされたという歴史によく学んでいます。

ミサイルの連射演習で改良に成功したのは、中射程のノドンと短射程のスカッドです。前者は日本、後者は韓国をターゲットにしていますが、スカッドは小さすぎて、北朝鮮の技術では、核弾頭を載せるのは難しい。

つまりは、日本を狙ったノドンを改良することがミサイル連射の真の主目的だった。だから、3カ月後の核実験も、その改良型ノドンに載せる原爆をつくるためだったといえます。

北は、この1年に核ミサイルとしてのノドンを完成させ、すでに通常弾頭では日本に照準を合わせて実戦配備している現行ノドンとの入れ替えを始めるでしょう。

実は、隣国にお手本もある。

中国は日本の主要都市に照準を合わせた中距離核ミサイル「東風21号」を実戦配備しています。中国の衛星破壊実験に使われたロケットは、この東風21号がベースです。

六か国協議の合意について「確かに困った合意だけど、日朝交渉の作業部会も置いたことは評価しますよ」と、民主党の長島昭久代議士がわたしに言いました。

このひとは、アメリカの外交問題評議会で会ったときから、外交・安保の専門家として互いに信頼する人です。

だからこそ、わたしは声を励まして「いや、その作業部会が別の深刻な問題を生んでしまいます」と申し上げました。

北朝鮮は、作業部会で積極的に拉致問題を取りあげるでしょう。それで喜んでは、北の罠にはまります。

中国からの情報によると、北朝鮮は作業部会で「朝日（北朝鮮と日本）共同の調査の再開」を提示する準備をしている。北は、これまで「拉致問題は解決済み」と言い張ってきたことを、ここでしたたかに逆利用するわけです。

これは拉致問題を進展させるものでも何でもないのですが、必ず中韓は「進展があったから日本も北支援に加われ」と圧力をかけることになるでしょう。

幸か不幸か、日本のあるメディアが「調査再開が提案されそうで、これは進展だ、歓迎すべきだ」という記事を書いてしまい、そのために塩崎官房長官が定例会見で「調査再開だけでは、進展ではない」と否定しました。

たまたま作業部会の開始まえに、日本の原則を強調できたことは良かった。

しかし、調査再開に加えて、たとえば「横田夫妻の訪朝と、めぐみさんの元夫、愛娘との面会」などをセットにしてくると日本は苦しい。

中韓はすでに「日本がいちばん核廃棄のメリットを受けるのに、なぜ日本だけ支援しないのか」という不当なプレッシャーを掛けています。

このままでは作業部会は、そうした中韓と北朝鮮が実質的に連携し、拉致問題でも見せかけの進展で日本が膝を屈するように仕向ける場になりかねない。

わたしたちが、知っておかねばならないことは、中韓の「日本が核廃棄のメリットを受ける」という主張自体に、六か国協議の本質が覗いているということです。

北朝鮮以外の5つの国のなかで、北の核が本物の脅威なのは日本だけ。アメリカに届くミサイルは北にないし、中韓露は自分たちには撃ち込んでこないと本心では思っている。

「安倍政権が強硬姿勢であるために日本が孤立した」と、元防衛庁長官の山崎拓さんらが足元の与党から批判していますが、とんでもない。

六か国協議の真実を直視すべきです。最初から、日本は孤立していたのですから。妥協姿勢など見せれば多勢に無勢、あっさり押し切られるだけです。

押し切られないためには、日本国内が団結することが不可欠なのに、足を引っ張ってどうするのでしょうか。北朝鮮や朝鮮総連と密接な関係がある政治家が、与党自民党のなかにも、野党民主党のなかにもいることを有権者は弾劾せねばなりません。

一方で安倍政権も、ただの強硬姿勢ではなく、したたかな戦術と戦略を包含した強硬ぶりでなければなりません。

そうでなければ、自民、民主、さらに他の野党にも広く存在する親北朝鮮派の政治家たちに安倍首相が引きずり下ろされる日が来るでしょう。

ことに、足元の自民党の親北朝鮮派に立ち向かっていかねば、必ず、やられます。

金一族の裏口座封鎖が拉致問題の解決につながる

まず、アメリカをなんとか巻き込んで、味方につけ直すしかない。

日本を照準に合わせた核ミサイル・ノドンが実戦配備されれば、在日米軍基地も狙われる可能性が高いことを強調する。それに拉致を前面に押し出し続けねばなりません。

人権外交を標榜するアメリカに、言行一致を求めて訴え続けていくべきです。

忘れてはならないのは、アメリカが北朝鮮を「テロ国家」と指定できた理由の柱は、拉致問題だということですね。

日本が拉致の全面解決、すなわち最後のひとりまで同胞を見捨てず取り返すことを主張し続けないと、アメリカが北朝鮮を「テロ国家」から外すと、ＡＤＢ（アジア開発銀行）が飢餓と貧困の救済を名目に北に融資を開始することにもなりかねません。

ＡＤＢは歴代総裁がみな日本人、資金の元もジャパンマネーが中心です。

ＡＤＢが融資を始めたら、実質的に、北朝鮮は日本から金を引き出せることになる。これは、油を提供したりすることとは比較にならない利敵行為です。

北朝鮮はＡＤＢからドルを融資してもらえるなら、金融制裁なんて関係なくなる。

金融制裁、すなわちアメリカ財務省による金正日総書記の口座の封鎖は、マカオのＢＤＡ（バンコ・デルタ・アジア銀行）の口座については確かに一部解除となりますが、それは金一族の生き残りを許すことを意味していません。

金一族の裏口座は、日本を含め世界中にあります。それを今後、すべて調べていき、偽ドルや麻薬でつくったカネをロンダリングしている裏口座を割り出して潰す。ＢＤＡはたった1行にすぎませんし、そのＢＤＡも合法口座は封鎖を解く反面で、不法な裏口座は閉じるわけです。

つまり時間をかけて諸国と連携し、最終的には金一族の裏金をすべて奪う計画なのです。

それなのに、ＡＤＢからの融資を許したら何にもならない。

拉致がある限り、テロ国家の指定解除は許すことができないから、ＡＤＢの融資もないという正当な論理が成り立ちます。

だから安倍政権が拉致の全面解決を強調するのは、理念だけではなく戦略として正しいのです。それをセンチメンタリズムかのように一部の与党政治家が言うのは、大間違いです。

そして金正日総書記がなぜ、たった5人の拉致被害者しか返さないのか、それも、もう一度よく考えるべきです。

現在の独裁下であれば、ほかの被害者も返せるならとっくに返して、日本から援助を引き出したほうがはるかに良い。

いや、それをしないといくら六か国協議から1年分の油を引き出しても経済崩壊が終わらないから、体制危機は去らない。

それなのに返さないのは、工作活動や独裁者一族の裏面を、残りの拉致被害者が知り過ぎているからです。

すなわち金一族の独裁を倒さない限り、同胞は戻ってこないという理性的な判断を、政治家も国民もしっかり定めるべきなのです。

国交を正常化すれば返ってくるという、日本国内の親北派、親中派の言説は真っ赤な嘘と言わざるを得ません。

今後も実質的には続いていく金融制裁をめぐって、日本もより果敢に加わり、支えていくことが拉致解決への一本道なのです。

アメリカが北朝鮮に対するスタンスを変えた理由

一方で日本は、なぜ年が明けて2007年になってからアメリカが突然、北朝鮮の核について容認に転じてしまったのか、その背景を正確に読み解いておかねばなりません。

イラク戦争において、アメリカは致命的な見込み違いをしました。

米軍の力だけで秩序を再構築できると思っていたら、テロに全く対処できない。それで、イスラム教シーア派の力を借りました。イラクの人口の多数派は、シーア派ですから。

ところがシーア派の本拠は東隣のイランなので、反米国家イランが、イラク再建のカギを握ることになりました。

イラク新政権のマリキ首相はシーア派で、フセイン独裁下ではイランへ亡命し、かくまわれていた人です。今も、イランに極めて近い。

マリキ首相の背後にいるシーア派の宗教指導者アリ・シスターニ師はイラン生まれで、イランと一心同体のような人。

ではタラバーニ大統領は、どうか。タラバガニではありませんよ。いや、タラバガニみたいな名前のイラク大統領だと覚えてください。イラク人に失礼なことを申しているのではなく、日本人はどうしても、中東の地理も地名も人名も苦手なので、日本が中東でアメリカにどう操られているかが、日本の主権者に掴みにくい。タラバガニ大統領かぁ、と思うことをきっかけに、ぜひ中東の雰囲気に馴染んでいただきたいのです。

正しくはタラバーニ大統領である彼は、イラク北方のクルド人です。クルド人は、虐げられてきた民族です。トルコの圧迫に対抗するためにシリアと手を組んでいます。そのシリアはイランと密接です。

つまりイラク新政権は、外見はアメリカ寄りにみえて内実は、イランの力と意向に沿って統治しています。

気がついたら、イラクの南部は、イランと深く一体化している。

わたしもイラク戦争のさなかに歩いたイラク南部では、イランとイラクの国境線はないも同然という現実にぶつかりました。

しかもその南部こそが、もっとも良質の原油を埋蔵している。

ブッシュ政権は、09年1月で8年の任期が終わります。

ところが振り返ってみると9・11テロを指揮したオサーマ・ビン・ラーディンはブッシュ政権には殺せずに健在、アルカーイダもブッシュ政権下では勢いが衰えずに健在、うまくいったはずのアフガニスタンも、タリバーンが息を吹き返している。

北朝鮮は核実験をしちゃったし、イラク南部は油ごと、世界最大の反米国家であるイランに取られてしまった。

このままでは間違いなく、アメリカ史上もっとも国益を損ねた政権という烙印を押されてしまいます。ブッシュ大統領は、退陣前に何か一つは取り返したいと思っている。

何を選択するか。

イランが西へ膨張し、イラク南部を油ごとのみ込みつつ核開発も急いでいる中東と、日本だけが脅威を受ける核を持つにすぎない北朝鮮とを比べれば当然、中東ということになりますね。

そういう状況下で、アメリカが態度豹変して北朝鮮に甘くなったことを「イラクが泥沼だから」と解説するTVコメンテーターや評論家が実に多い。

しかしイラクの泥沼はもう4年越しです。

アメリカが急変したのは、今年1月のベルリンでの米朝協議からですから、「イラクが泥沼で」と、いい加減に想像で述べるだけでは、説明がつきません。

そのイラクを、イランの手から取り戻す、そのためにはイランとの交戦を覚悟する。この新決定が行われたからこそ、ブッシュ政権は北朝鮮については「とにかく時間を稼いで、先送りにする」という方針に変わったのです。

ブッシュ政権の最後の戦いは「イラン」との戦い

イランの地位の高い人のなかには、「われらはペルシャ帝国を再興する」と、わたしに言い切る人もいます。

イラクを実質的に手に入れたことで自信を持ち、さらに原油価格の高騰でカネもありますから。

その脅威をアメリカのほかにリアルに感じているのが、イスラエルです。

イスラエルは4回の中東戦争でほとんどの中東諸国を屈服させたけれど、イランとは戦っていません。

そのイランには、「イスラエルを叩けば中東の盟主となり、ペルシャ帝国の再興が実現する」という思惑があります。それでまずは、イスラエルの頭の上、すなわち北方のレバノンで活動するシーア派民兵組織ヒズボッラー（神の党）を支援して、イスラエルにテロ攻撃を仕掛けさせています。

さらにイランは、北朝鮮がいずれ完成させる中距離核ミサイル・ノドンを購入するつもりです。ノドンは昨年（2006年）7月の演習で、射程距離を約1300キロから最大では1800キロに伸ばした可能性があります。

この改良型なら、イラン国内のミサイル基地から直接にイスラエルに撃ち込むことができる。

核攻撃の脅威をシリアスに受け止めたイスラエルは、アメリカのキャピトル・ヒル（ワシントンDCの議会周辺）での強烈なユダヤ・ロビー活動をさらに強化し、アメリカに「イスラエル空軍によるイラン爆撃を認めよ」、「認めないなら米軍みずから爆撃せよ」という圧力を掛けています。

彼らはアメリカのメディアと金融を握っているから、米政府は反応せざるを得ません。だから、ブッシュ政権最後の戦いは、「イランとの戦い」です。

その場所がイラクであっても、戦う真の相手はイランなのです。

ブッシュ大統領は、先に「イラク新政策」を発表しました。日本のメディアや評論家は、そのなかの「米軍の2万人増派」にばかり目を向けています。

これも違います。

想像と思いつき、思い込みばかりの言説も、日本から外交力を奪う原因のひとつでしょう。

増派は、撤退するための増派なんですね。

増派して、マリキ政権下のイラク軍と共同でテロリスト掃討作戦を展開すれば、瞬間的には成果は上がるかもしれない。

それで「アメリカは力を尽くした。後はイラク自身の責任だ」と宣伝して、撤退を開始し、来年11月の大統領選挙までに米軍を撤退させて、共和党の不利を覆したい。

増派の目的は、それだけです。

イラク新政策のほんとうのカギは、米議会の超党派の諮問機関「イラク研究グループ」による「イラク解決のためにイラン、シリアと協力せよ」という提案を、ブッシュ大統領が蹴ったことにあります。

大統領は逆に、イラン、シリアとの対決姿勢を強め、特にイランに対しては「イラク国内のイランの外交官を逮捕せよ。必要なら殺害せよ」という指令を実質的に発しました。

これは驚くべき指令です。

だから事前に、米中央軍（中東担当）とイラク駐留軍それぞれのトップを更迭し、ブッシュ大統領に逆らわないイエスマンに代えておいたほどです。

アメリカは、駐イラク・イラン大使館員の大半は工作員であり、外交官特権を巧妙に活かして、シーア派民兵組織に武器やカネを渡し、イラク内戦の原因をつくっているとみています。それがアメリカの本音です。

米軍の特殊部隊は、この大統領指令を実行しつつある。

すると軍服、身分証、顔つき、米語いずれも完璧で米兵にしか見えない集団が、イラク国内の米軍基地を訪れ、米兵を４人連れ出して殺害しました。

凄い事件です。

米軍は「長い時間をかけて偽の米兵である工作員を養成してきたのはイランだけだ。イランの犯行に間違いない」と、さらに攻撃を強化しています。

もちろんイランは、そうした工作を否定します。しかし、アメリカとイランの特殊部隊同士では交戦が始まったとみるべきでしょう。

戦争とは、わらわらと沢山の兵が繰り出して戦うだけではないのです。

日本の核武装論は急速に強まってくる

これだけでも重大な事態ですが、いわばまだ「忍者同士の戦い」です。

もしも、イスラエル空軍か、米空・海軍による爆撃になれば、それがどんなに限定した攻撃であっても世界が一変します。

イランは、日本にも欧州にも、もちろんアメリカにも大量の工作員を既に送り込んでいる。

彼らがテロによる反撃を始めたら、抑え込むことは極めて難しい。
それにペルシャ湾の狭いホルムズ海峡をイランが封鎖に成功したら、日本への原油供給が止まります。影響の大きさは、石油ショックの比ではない怖れもあります。

海峡封鎖は言うほど簡単ではないから、仮にイラン革命防衛隊の海軍が実行し成功しても、わずかな期間でアメリカ海軍に封鎖を解かれてしまう可能性の方がどちらかと言えば高い。

それでもマーケットはそのリスクを材料に、資源価格をどっと高騰させます。アメリカも、こうした事態があり得ると分析していますから、まさしく北朝鮮どころじゃなくなったわけです。

それでもイスラエルの爆撃準備は止まりません。生存のためなら何でもやるのが国是だし、イスラエル国内にイランの工作員はほとんどゼロだから、イランと戦争をしても怖くないのです。

イスラエルは、イランを含む中東全域の制空権を握っていますしね。
イスラエルが、単独でイランとの戦争に踏み切ったとき、「アメリカは関係ない」なんて通用しません。

イランはイスラエルとは戦うことが実際には難しいから、アメリカ、そしてアメリカ陣営の弱点である日本にターゲットをしぼってテロを遂行する恐れがあります。

アメリカでも、たとえばＦＢＩ（連邦捜査局）はテロを封じ込めきれないとわかっていますから、イラン攻撃反対論が強い。

だからアメリカは逡巡しています。

アメリカ国防総省の知友がわたしに明かした「アメリカにとっての現時点のベスト・シナリオ」は、こうです。

米海軍の空母群と原潜をペルシャ湾に集結させ、インド洋の島にはステルス爆撃機Ｂ２Ａをはじめ空軍を配備して、イランに対してプレッシャーをかけ、「イスラエルに攻撃されてもイスラエルとイラン二国間の紛争にとどめろ。もしもテロでアメリカに報復すれば、アメリカの空海軍がイラン本土を破壊するぞ」と脅迫する作戦です。

このイランに対して北朝鮮の金一族が核ミサイルを継続的に売るとアメリカは考えていますから、時間をかけつつも、いずれは金一族を排除したいのが本音です。

来年２００８年の北京五輪、２０１０年の上海万博が終われば中国も本音を剥き出しにしてくる、ただし、じっくりと時間を掛けてではありますが本性を顕（あらわ）してくる。

したがってアジアの真の大乱、ないし冷戦が去ったあとの秩序再構築は、２０１１年以降を考えておくべきです。

金正日総書記は、いずれ、いなくなる。ポスト金正日の北朝鮮では、どんな「後継体制」になろうとも、軍の力が強まります。

その北朝鮮と、韓国が実質的に緩やかに連携を組んでいくことが充分にあり得ます。

その情況で、朝鮮半島には核が残っています。

「金正日がいるから核がある」と考えてきた日本国民は、政治家やマスメディア、評論家たちにミスリードされていたことに気づき、いずれは「日本核武装論」が強まるでしょう。

現在、核武装反対を言う識者のうち少なからぬ人は、被爆国日本で悪者になりたくない、多数派でいたいという、ただの保身と私心で「核武装反対」を言う人たちです。

だから核武装が多数派となれば、あっという間に転向する。

わたしのような不変の核武装反対論は、必ずや、孤立するでしょう。覚悟のうえのことです。

アメリカの戦略家で、国務長官だったヘンリー・キッシンジャーさんは「日本が核武装を考えていないとしたら、それは信じられないおとぎ話だ」と言っています。

六か国協議が合意をみた07年2月13日は、朝鮮半島を非核化する第一歩ではなく、朝鮮半島が恒久的に核武装する第一歩の日として記憶されることになるでしょうし、日本が本気で核武装を考えることになったターニングポイントということになるでしょうね。

北朝鮮リスクを軽減するための戦略

残念ながらアジアにおける地政学的リスクは、高まってしまいました。リスクが小さくなることはもうありません。

わたしは日本核武装に反対すると同時に、日本国民軍を誕生させ、いかなる核基地も破壊できる通常戦力を持ち、軽空母と、通常弾頭の弾道ミサイル搭載型の潜水艦を保有することを提唱しています。

とはいえ、現時点で、状況を良い方向に引っ張っていく外交戦略がひとつだけあります。

それは、安倍首相がイランをサプライズ訪問し、実質的にイランとアメリカの仲介をすることです。安倍さんは、新世代の首相であるのなら、これを決断すべきだと考えます。

なぜなら、イランは追い込まれてもいるからです。

原油価格の高騰でカネはあるのに、経済社会構造に欠陥があり、貧困問題はむしろ悪化している。

強硬派のアフマディーネジャード大統領は「貧困撲滅」を掲げて当選したのであって、

「イスラエルを滅ぼす」とか「アメリカと戦う」のが公約じゃなかった。それで最近の地方選挙では、大統領派が大敗している。だから大統領も落としどころに困っている。

ましてや戦争になってしまうとイランが勝つことはない。テロで抵抗はしても、勝利ではない。

アルカーイダはテロ実行でスポンサーからカネが入るが、イラン国民はテロでは食えない。

だからこそ、日本の出番があります。

安倍首相がみずからの新しい政治決断でイランを訪問したら、強硬派のアフマディーネジャード大統領も、穏健派のハタミ前大統領も、中間派のラフサンジャニ元大統領も必ず会います。

そこで、「核開発を凍結してくれ。その代わり、日本が貧困解消に全面協力する。日本の赤字が膨らんでも、最後まで一緒に頑張る」と約束すれば、イランは核開発を中断する可能性がある。

アメリカもイスラエルも戦争の口実がなくなる。

アメリカにできないことを日本がやってみせる。それこそが、安倍首相が唱える「主張する外交」のはずでしょう！

口だけではなく、まず実行です。

中東の緊張を和らげれば、アメリカも北朝鮮に再び、正面から向き合うことができます。北朝鮮のリスクを軽減するためには、まず中東の緊張を解くことが必要なのです。

そのような取り組みが日本を戦略国家にするのです。

（インタビュー終わり）

vol.14

これが外交だ

「日本外交は、なってない」

この言葉を実によく聞く。耳に、おおきなタコができる。

経済界でも同じである。しかし、では外交に取り組むひとが経済人にどれほどいるだろう。こう問い返すと「外交は外務省の仕事でしょ」という答えが、ほとんどの場合、返ってくる。

この答えこそが、日本外交を弱めている元凶の一つである。

外務官僚を擁護するのではない。権限の独占に走る官僚のなかでも、日本国外務省の役人は最もそれに熱中する人びとだ。

だが国際会議ひとつを取ってみても、世界は極めて多様である。サミットを典型とする、トラックⅠ（ワン）と呼ばれる会議のほかに、トラックⅡ（ツー）の実務者会議が日常的に開かれる。

これがむしろ世界の経済や安全保障を動かしているのだ。

この種の会議には、外交官をはじめとする種々の官僚だけではなく、実業家、エコノミスト、軍人、政治家、学者、シンクタンクの研究者、ロビイスト……とても書ききれない多様な参加者が諸国から参集し、英語でフリー・ディベイト（何でもありの議論）を繰り返し、深い理解をつくる。

中東のヘソとも呼ぶべき国、カタールの首都ドーハで開かれたトラックⅡの国際戦略会議に、独立総合研究所の研究員らとともに参加した。

アメリカ国防総省の最近の合言葉は「日本は外務官僚に頼むと進まない。ほかの生きたルートを探せ」（国防次官に近い高官）であるから、日本初の国家安全保障担当の首相補佐官となった小池百合子さんに独立総研が直接に交渉し、小池さんは官邸のＯＫをとって参画した。

そしてディスカッションのパネリストとして、英語とアラビア語で質問に積極的に答えた。

中国の中東特使が、事前に本国が了承した文書の読み上げしかできず、質問に沈黙した姿と好対照だ。

アラブの元財務相はわたしに「そうか、やっぱり中国より日本の方が友だちになれる相手なんだね」と語りかけてきた。がんばれ、女性！

小池さんとわたしが期せずして事前の打ち合わせなく一致した課題のひとつが「北朝鮮

の問題をいかに会議にインプットするか」であった。

中東はもちろん米欧、アフリカ、アジアと文字通りに世界の実務家が集まった会議だが、主題はポスト・イラク戦争とイランの核だ。

同じ核開発でも北朝鮮のそれは忘れられがちになる。

小池さんは壇上から、北朝鮮の核を阻止しようと連携を訴え、わたしは地を這うように諸国の代表をつかまえては話しかける。

「北は小さな核実験を1回やっただけで、六か国協議の合意とやらに基づいて支援を手にし、保有した核や弾道ミサイルを黙認され、テロ国家のまま少なくとも当面の存続を許された。これは、あなたの隣国を刺激して核開発を誘発しないか」。

ひとりひとりの眼をみて、こう話す。

代表たちは予想以上に深く考え込み、「なるほど。確かに北朝鮮問題は他人事じゃない」と、ほぼ共通して語ってくれた。

そしてアメリカ国防総省の『良心』と呼ばれる友人には、こう聞いた。

「アメリカは、日本国民を拉致したままの北の独裁者を喜ばせるために、日本を裏切るのか」。

ヒル国務次官補が「金融制裁を全額解除して、カネを北朝鮮に返す」と言明したからだ。

友人はみるみる顔を曇らせ、「ヒルも国務省も間違っている。クレイジーだ」と言い切った。

国難には、官民を問わず、みなで立ち向かう。それが外交だ。

vol.15 子々孫々の自由のために

わたしは今、春から初夏に移ろうワシントンＤＣにいる。

これまではＤＣを訪ねると、米政府高官らと議論することに専心していたが、今回は最初に会ったのがインドの政権ブレーンだ。

彼はＤＣに住み、アメリカの本音をよく掴んでは、インド入りして政党と戦略を組み立てる。

しかも貿易商人であり、おのれの商売拡大にも活かしている。なんだか自前の「超経済外交」を、さらり実行している逞しさである。

わたしなりのワシントンＤＣ訪問の目的は、日米同盟にこのインドを加えて日印米の新たな連携を模索することだ。

インドのこの政権ブレーンは日米印の新たな連携の大切さを、わたしとさんざん共感しあった。

その直後に平然と、「日本がインドと手を組む一番の理由は何だい」と聞いた。

わたしも含め日本人なら、こんな今更のようなことは聞きにくい。インド人の彼は常に、相手の本音を確認しようと試みる。

わたしは即、「中国だ」と答えた。

彼は、わたしに「インドの核は、ほんとうはパキスタンに対抗する核じゃない。パキスタンは核を持つための口実さ。中国の脅威に対抗するためにこそ核を保有した」と、その時すでに明かしていた。だから、わたしの短い答えに、表情が動いた。

インドもしたたかである。この政権ブレーンは、いつも堂々たる作り笑顔で、その笑顔の中にすべての表情を隠す。しかし、この時だけは笑顔を消して、大きなふたつの眼玉を一瞬だけ、ギラリという日本語があまりにぴったりの強い光で、ひん剥(む)いた。そして素早く深く頷いた。

わたしたちは、それまでの議論で「日印がそれぞれ、中国の膨張主義に対峙できる道を探している」と充分に理解しあっていた。しかし彼は日本の意志をもう一度、最終確認しようとしていた。日中の永い歴史を彼はよく調べていた。

そして、わたしがひとりの民間人に過ぎないことを、まったく問題にしていなかった。日本政府とアメリカ政府、自衛隊とアメリカ軍、さらにイギリス、フランスの政府と軍、そうしたなかの誰が、わたしを知り、どう評価しているかを彼は徹底的に調べ尽くしていた。

わたしは、掛け軸に描かれた達磨さんのような彼の目玉を、もう一度、覗き込んで「日本は中国に従属しない。これから、どれほど中国が経済と軍事で膨張しても、われら日本国民は従属しない。かつて日本にいらっしゃった聖徳太子というプリンスは、中国の皇帝に、日出づるところの天子から日没するところの天子へと称して、まったく対等に手紙を送る外交をおこなった。この7世紀の時代から、根っこは変わらない。それが、ほんとうの日本だ。インドとの連携をはじめ地政学を活かして、自立を保ち、戦勝国のアメリカからも真の独立を達成します」と決意を述べた。

日本が言う「日印連携」はまだまだ掛け声に過ぎないことを、インドの戦略家たちは、彼に限らずよく知っている。

インドのマンモハン・シン首相は昨年12月に来日し、国会で演説した。

しかし議員の反応はおおむね通り一遍であり、報道は小さく、日本国民で記憶する人は多くない。

中国の温家宝首相の国会演説で、与野党の議員が総立ちの喝采をうやうやしく贈り、メディアも大報道を展開したのとは、あまりに対照的だ。

その温首相の演説には「中国は道義的に日本を指導する」というトーンが、巧みに、しかしくっきり明瞭に盛り込まれていた。道義を持ち出すことこそ、中華思想の柱であり、中華思想は、覇権主義の揺りかごである。

温首相の微笑をもてはやす国会議員をみて、わたしには庶民から「日本の議員は騙されていないか」という電子メールが相次いだ。

そうです、こういう庶民、国民がまさしく聖徳太子の子々孫々であり、日本の外交力の隠れた源泉はそこにあり、いまだ泉は尽きてはいない。

そして一方で、その巧妙な微笑戦術をみせた温首相が、中国の弱点をさらけ出した事実もある。

温首相は、国有の電力、石油、石炭大手の社長をずらり揃えたのをはじめ中国のエネルギー企業約50社の首脳約100人を同道した。

おのれの莫大なエネルギー消費を賄うには、世界で手当たり次第に資源権益を獲りにいくだけではなく、日本の高効率のエネルギー技術に頼るほかないと告白したのも同然だ。

だからこそ国会演説に、中国は日本の道義的支配者であるというメッセージを盛り込んだ。

それは日本だけではなく中国の国内にも向けられた。「ちゃんと日本を支配するから経済協力を容認せよ」というアピールである。

すなわち中国は、経済を政治から切り離すことができない。

インドも日本も、経済と政治を自在に切ったり結んだりする。その日本とインドにはない弱点を、この共産党独裁の大国は抱える。

わたしたちは子々孫々の代にも日本が自由な独立国であるよう、この発見をフェアに活かしたい。

vol.16 嫌な奴と真正面から向きあおう

世界の金融の歴史に、アメリカ合州国大統領みずから汚点をしるした。

(何度も述べているが、合衆国は巧みすぎる誤訳であり、そろそろ日本語から卒業させたい。正しくは合州国。衆の合わさった国ではなく、強力な自治の各州が連邦をつくって外交と安全保障を託している国だ。それがアメリカの本質である)

北朝鮮がマカオの銀行に貯めた違法マネーの凍結を解除して、アメリカのNY連銀が受け入れ、ロシア中央銀行を通じて北朝鮮の口座に送金した。

北朝鮮は、その工作員が、東京の高級住宅地の白金などで日本の主婦や若者らに覚醒剤を売ったカネや、偽ドルを刷って儲けたカネを、まんまと独裁者の財布に収めることに成功したのである。

これは、歯止めなく北朝鮮と手を握りあうヒル国務次官補が求め、ブッシュ大統領が裁可した措置、すなわち金融制裁の解除である。

わたしはヒル次官補の解任をメディアで要求してきたが、事ここに至れば言い放しでは済まない。

アメリカ国務省の幹部を、東京のアメリカ大使館に訪ねた。わたしがアメリカに行く機会を待ってはいられない。

余談ながら、わたしは大学を卒業して共同通信に入社するとき、当時はアメリカ大使館の向かい側にあった共同通信社本社のまえで、両親と記念写真を撮った。ところがアメリカ大使館を背景にした写真だけ、真っ黒になっている。わたしと両親は、はしゃいで動き回ったから、沢山の写真のコマのところどころでアメリカ大使館が背景に入った。そこだけ正確に狙い撃ちのように真っ黒だ。

ネガのどこかから一連の写真が黒くなっているのなら、カメラの故障を考えるべきだが、これではアメリカ大使館からの何らかの照射を考えるほか無い。

新人記者になろうとしていたわたしは、心底、驚いた。技術と警戒心の高さ、そしてある視点からすれば、馬鹿馬鹿しさにである。若者と両親の就職記念の写真に介入して、それが何になる。

これがアメリカのインテリジェンスとの最初の出逢いと言ってもいい。

この国務省幹部は、アジアの専門家だ。現在のアメリカ国務省ではすっかり数少なくなった知日派であり、中国や北朝鮮にも人脈を持つ。アメリカ人の良い面をそなえた公平な人柄のひとだが、それだけではなく戦略家だ。

　わたしは、かなり大きな声を出した。憤激していた。

「ヒルさんの行動は、日本国民を拉致したままの独裁者を利し、日米同盟を裏切るものだ。日本のさまざまな世代からアメリカへの不信を訴えるEメールが届く。内政に干渉するつもりはないが、ヒルさんは東アジアの安定を損なっている。交代していただくほかない」

　これは単なる雑談ではない。双方とも同席者が、原文の英語（米語）で記録を取りあった。

　一民間人にすぎないわたしに、合州国が正面から応対したことは、フェアに評価したい。

　国務省幹部は「裏切りではない。現に米軍は、北の脅威に対抗し日本を護るために展開しているではないか」と反論したあと、「金正日マネーを、彼の口座に移転することには確かにアメリカ政府内にも反対がある。だが、ヒル次官補は訪朝で成果をあげている」と答えた。

　わたしが「成果？　寧辺（ヨンビョン）の核施設の停止のことか？　寧辺はとっくに役目を終えた施設にすぎない」と問い返すと、国務省幹部は「われわれにはゴールがある」と、驚くべき密約を明かした。

実は、訪朝したヒル次官補に北朝鮮が「われわれへの敵視政策をやめれば、NPT（核不拡散条約）に復帰する」と約束していたのだった。

国務省幹部は「ヒル次官補の行動は、すべてブッシュ大統領の命令に基づいているのだ」とも強調した。

わたしは、これで、みずから金融秩序を破壊までして北朝鮮に妥協するブッシュ大統領の真意がわかった。

任期切れが迫るなか、アジアに知識と関心の薄いアメリカ国民にも、たった一言でわかる成果が欲しいのだ。

中東で結局は成果なきままに任期を終わることが確実になったから、今度は、次善の策として北朝鮮で成果が欲しい。

ブッシュ大統領のその大方針があるから、ヒル次官補はなんでもできるのだ。

「そのNPT復帰は、一見は大成果にみえるからこそ、まやかしだ」と、わたしは言った。

「冷静に考えてほしい。北朝鮮はNPTに参加していた時期にも、それをむしろ隠れ蓑に核開発を進めてきたから、昨年10月の核実験に至ったのですよ。アメリカは、したたかな北に足元を読まれている」

わたしがこう指摘し「金正日総書記を退場させない限り、解決はない」と続けると、国務省幹部は、すこし表情を歪めて「戦争はできないよ。ペリー国防長官時代に戦争計画を作ったら、韓国で約100万人が死に、日本でも犠牲者多数とわかったんだから。青山さんも知ってるじゃないか」と言う。

「誰が戦争してくれと言ったか。戦争をしないで金正日総書記を退場させ、金一族の無残な独裁を終わらせるための金融制裁だったではないか」と応じると、幹部は「わかった。ヒル次官補を交代させよという要請を（ライス国務長官らに）伝える」と述べ、「その代わり、安倍官邸にも伝えてほしい」と切り出した。

この国務省幹部がヒル次官補と会ったとき、ヒルさんは「訪朝したあと真っ先に日本に来ても、外務省の担当局長としか話せない。官房長官、与党・自民党の幹部、誰とも議論できないんだ」と嘆き、その点はヒルさんに共感したという。

「日本の要人たちは、すこし都合が悪いと居留守を決め込む。まるで、歴史書で読んだ、江戸時代末期の保身ばかりの役人みたいだ」

国務省幹部はそう言った。

一理はある。

これは安倍政権だけの問題ではない。

日本の味方をしてくれない相手とは正面から向き合わない傾向が、わたしたちに、ある。

嫌な相手とこそ、わぁわぁ議論して裏事情も聞き出し、説得もする。

それが外交だ。

好きな相手、楽な相手とニコニコ、手を握り、わかり合う。それだけが外交だと考えるのなら、情報はもちろん入らない。本物の交渉もできない。

要は、外交は存在しない。

合州国のヒル国務次官補はおのれの栄達、保身という私欲を、ブッシュ大統領の最後の名誉欲に引っかけて最優先し、同盟国の日本に泥水を浴びせたに等しい。そのヒルさんだからこそ、安倍政権の要人たちはほんとうは会わねばならなかったのだ。

vol.17 その意識を抜こう

参院選の公示のあとに、アメリカをはじめ諸国の政府高官や研究者に聞かれ続けたことがある。それは「日本の国政選挙はなぜ、いつも、ほかの民主国家と違っているのか」という問いだ。

ただ名前を連呼するだけの選挙カーが走り回ることか?

それも確かに、日本ならではの特異な選挙風景だが、実際の問いは違う。

「なぜ、いつも、外交・安全保障は争点にならないのか」。

これである。英国政府の知友は聞いた。「日本の外交や安保に国論の分裂がないなら別だよ。しかし山ほどあるじゃないか」。……確かに。

たとえば、北朝鮮に誘拐されたままの日本国民をめぐって、安倍政権は、最後の1人まで取り返すことだけが解決だと主張し、その政権の足元にいる与党幹部は、「5人とその家族を帰したから解決済みだ」と言い張る北の独裁者に寄り添い、「まずは日朝国交正常化をし、支援もすれば相手も変わる。それが交渉だ」と俗論をのたまう。

覇道をゆく中国をめぐっても同様だ。

麻生太郎外相が「自由と繁栄の弧」の構想を掲げ、東ヨーロッパから中央アジア、東南アジアにかけて新興の民主国家群を支援する戦略を示すと、自民党の山崎拓・安保調査会長は「中国の包囲網となるから不適切」と批判した。

麻生外相が中国の膨張する軍事力を「脅威」と指摘すると、山崎さんは「そんなことを言えば日本は脅威に対処しなければならないことになる。間違いだ」と非難した。

これが少数野党の主張なら、必ずしも国論が分裂しているとは言えないが、与党内部の亀裂である。山崎さんには「少なからぬ国民が腹の中で思っていて、しかし言えないことを言う。それによって存在感を示す」という野心があるのだろう。

これほど重大な選択肢がありながら、国政選挙で争われない。

そのために外務省や防衛省の官僚たちは「選挙は関係ない」と考え、国民に監視されているという意識は、当然ながら希薄になる。

わたしは諸国からの問いに答えることに疲れて、ついには「It's none of your business（余計なお世話だ）」と答えてしまった。

正直に言うと、疲れたというより、哀しいのである。

わたしたちの、この祖国は、２千年を超える永い歴史のなかで１９４５年の夏に、ただ一度だけ戦いに敗れた。興亡と勝ち負けを繰り返す世界の歴史で、負けが一度しかないのは例外中の例外である。

わたしは仕事柄、世界を歩く。万里の長城も、観光地として化粧した場所ではなく、蒙古軍に破壊されたまま草むす現場に立てば、漢人の中国は蒙古人や女真人に滅ぼされた屈従の歴史を持つからこそ、周辺を支配して安心しようとすることがわかる。

スペインのアルハンブラ宮殿のイスラーム紋様をみれば、ヨーロッパが、その南部をムスリム（イスラーム教徒）に支配されていた事実が迫ってくる。

日本が鎌倉時代に中韓の侵略（元寇）をはね返したのは台風のおかげと、わたしたちは学校で教わってきた。

違う。侵略軍の艦船を武士が充分に苦しめていたから、最後の台風の一撃が効いたのだ。

外国の占領が2千年以上の時間のなかでただ一度しかない、それは誇るべき奇跡である。

しかし、だからこそ、そのただ一度の敗北の衝撃は、わたしたちが自覚しているより、はるかに深く大きい。戦争に負けた以上は、安全保障・国防や、外交はもう自分で考えちゃいけないと、無意識に日本人は思い込んでいる。

わたしも戦争に負けたときは、まだ生まれていない。ところが、敗戦国は、交戦権のない自衛隊しか許されないという教育を、わたしも、今の小学校のぴかぴかの一年生も、同じくずっと受け続けているから、安保と外交には選択肢がないという誤解が、国民全体の思い込みになっている。

一歩だけ、世界へ出れば、主要国はすべて敗戦国の歴史があり、それなのに自衛隊は日本にしかなく、他の敗戦国は例外なく、国軍を持っているという、あまりに明白な矛盾に出逢う。

ちっとも難しい話じゃない。事実をありのままに見る眼を持って、国の外を見るだけである。ふつうの有権者がそうするだけで、あっという間に、国政選挙で安保と外交が争点になる。その争点の選挙で選ばれた人たちが、国会議員になり、そのなかから閣僚になり、さらにそのなかから総理大臣になれば、あとは放っておいても、経済政策に外交戦略が加わり始め、いったんこの循環が起きれば、国政選挙のたびに安保と外交の政策が磨かれていくことが大なり小なり起きていく。

ようやくにして日本国の大車輪が回り始めるのである。

vol.18

バラバラ外交から包括外交へ

史上最大の２４３人。安倍晋三首相が内閣改造の直前、アジア歴訪へ同道した経済人の数である。

かつてなら「メガネをかけた大量のセールスマン部隊を連れて、日本の営業部長がやって来た。珍しく日本にしては若い部長だ」などと揶揄（やゆ）して、多くの国で報じられただろう。

だが、もはや、ほとんど関心を呼ばないのである。

このごろ海外を歩くと、「日本は勝手にやっていれば？」という雰囲気を肌に感じる。

中国、韓国、北朝鮮などはそれでも、日本の潜在力を心配して、アメリカ下院で大枚をはたいてロビー活動をおこない、慰安婦非難決議なる不可思議なものを成立させ、日本を抑え込むための「歴史カード」を守ろうと懸命だ。

涙ぐましいご努力だが、要らざるご心配かもしれない。

日本では国政選挙で外交も安保も全く争点にしないのだから。

国際社会とは無関係な内向きのことどもだけで、参院選は勝敗が決した。これでは世界が「どうぞご勝手に」となるのも、円がローカル・カレンシー、すなわち国際決済には使えない通貨とみなされるのも、自然な潮流だ。

では、どうすればいいのか。

安倍首相と経済人２４３人がインドに入ったときのことを考え、ケーススタディしてみよう。

まず政治的には、安倍さんはマンモハン・シン首相に大苦戦した。

２０５０年にＣＯ２排出を半減する構想を持ちかけると、シン首相は「評価する」と言いつつ、インドは経済発展によって途上国から脱することが最優先だと、太い釘をがつんと刺した。

インドや中国が都合のよいときだけ「途上国だ」と主張してＣＯ２の削減義務を拒むなら、安倍構想はそれだけで崩壊する。

一方、２４３人もの経済人は安倍さんとは別途、インドの経済人と「交流を深める」ことに邁進(まいしん)した。

安倍さんはシン首相に対し、インドが進める貨物専用鉄道の建設に円借款を約束したが、経済人の行動と有機的に関連はしていない。つまりは政治と経済がバラバラだ。

もしも安倍さんが「途上国を脱しつつ、CO_2を削減する方途こそを示したい」とシン首相に持ちかけ、たとえば広大なインド全土に小型の新幹線による輸送網をつくる援助を提示する。

それを同道した経済人が、車輌を現地で製造することから鉄道網の建設、その新幹線が高速で安全に運行するシステムの構築と実際の運営、さらに金融支援まで加えて包括的に、かつ、とことん具体的に裏打ちする。

そして安倍さんが「発展につれトラックや乗用車を無制限に増やすのではなく、CO_2排出の少ない新幹線でやりましょうね」と強調すれば、どうだったか。

シン首相は総論賛成、各論反対に逃げ込むことはせず、各論から話が盛り上がり、その結果、総論について「それなら、やりましょう」となったかもしれない。

もちろんシン首相の答えは変わらなかったかもしれないが、少なくとも安倍構想が具体的な提案とセットであることは、世界にも伝わる。

政治と経済・金融、外交・安全保障をバラバラに捉えている限り、首脳外交にどれだけ多くの実業家が同行しても、それは経済外交にはならない。

すべて有機的に連関させ、柔らかくて強靭な戦略を築き、それを「包括外交」に盛り込む国家に、わたしたちは転換する。それだけが、世界での生き残りの道ではないか。

付け焼き刃でない転換は、まずわれら国民の意識変化からだ。

そして、前述のような提案であれば、ほんとうはシン首相の答えは必ず、変わった。

試しにインドの元外相らにぶつけてみると、みるみる目が輝き、そして口惜しそうな表情に変わり、「いちばん、その提案を聞きたかったのはマンモハン・シン首相だ」と断言したからだ。

特別編

本物の日米同盟を築く好機到来

経済誌デスクによる青山繁晴へのインタビュー

安倍政権の歴史的な意義とは何か

――安倍政権の崩壊を、どのように受け止めますか。

たとえば病院会見での無惨な宰相の様子に、衝撃を受けた国民は多いと思います。しかし、そうした宰相個人の問題だけではなく、大きな流れで安倍政権崩壊をみる冷静な知性も必要ではないでしょうか。

安倍政権は、「日本のフェアな国家主権の回復を試みて巨大な壁にぶつかり、倒れざるをえなかった最初の政治的犠牲」と言うことができると思います。

敗戦後60年以上にわたって、できなかったことをやるには、今後もいくつかの内閣、何人かの宰相の犠牲は必要でしょう。

――意外な評価です。今は安倍前首相への批判一色ですから。

日本の正当な国家主権を制限するさまざまな問題が１９４５年の敗戦で生まれ、52年のサンフランシスコ講和条約の発効によって国際法上は独立を回復してから55年を経ても、解決されていません。

それに正面から向き合おうとしたのが安倍政権であったことは間違いありません。

わたしの個人的意見ではなく、国際社会で日本を知る人、すなわち知日派の共通した見方でもあります。日本だけ、国際社会のルールと違っていなければならない理由は、もはや何一つありませんから。

ところが日本国内には、敗戦で生まれた不当な体制、歪んだ構造でこそ利益を得てきた人々が経済界、官界、政界にいます。

そうした人々は、いつまでも、深い部分では敗戦直後のような日本のままにしておきたい。その集団的抵抗がわき上がった上に、安倍さん自身の政権運営の致命的な失敗が重なって、無惨な辞任となりました。

したがって最終責任、決定的な責任は宰相であった安倍晋三さんにあります。

現実の政治なのですから、負けた方が悪いのです。国民の期待を裏切ったのは安倍さん自身です。

しかし同時に、だからといって安倍政権に実績がないわけでは決してありません。若い総理の誕生を礼賛していたご年配の政治評論家が、手のひらを返して「何一つ、成果をあげなかった」と非難されていましたが、事実に基づかないただの放言を、正しい直言かのように扱うテレビ番組などの愚かさも、あらためてはっきりしましたね。

――業績を上げたのでしょうか。

冷静に点検すれば、安倍内閣はわずか1年の間に3つの歴史的な仕事をしています。防衛庁を防衛省にしたことが良くいわれますが、それは実は元々、その流れがあった。それ以外に3つあるのです。

第一に、憲法改正をめぐる国民投票法を、幾多の内閣のなかで初めて、ようやくにして成立させせました。

憲法改正に賛否両論があるのは当然です。

しかし憲法そのものの第96条に、国民投票が盛り込まれているということは、客観的にみて、憲法自身が国民投票法の成立を期待していたことを意味します。憲法の施行から60年を経て、安倍政権がようやく実行しました。

第二には、教育基本法の改正です。

これにも賛否の議論は当然あります。

わたし自身も、この教育基本法の改正の中身自体にはあまり賛成ではありません。なぜなら、この改正で日本の教育が蘇るとは思えないからです。

ただ、歴史の観点から客観的に考えるべき、たいせつな事実があります。

１９４５年8月の敗戦から52年の独立回復まで、日本で造られたすべてのものには、「MADE IN JAPAN」ではなく、「MADE IN OCCUPIED JAPAN」（OCCUPIED：占領下）の刻印が打たれました。

「日本製」ではなく、「被占領国日本製」だったわけですね。

憲法の施行は47年5月、教育基本法の施行も同じ47年の3月、いずれも「MADE IN OCCUPIED JAPAN」です。これを安倍政権は「MADE IN JAPAN」に変えようとしたのです。

——業績がもうひとつ、あるのですか？

はい。日本は長年、みずからを海洋国家と称してきましたが、海の権益を守る法的手段を持ったことは一度もありません。

だからこそ、尖閣諸島周辺の海底資源を中国に実質的に盗掘される現実も進行しています。

安倍政権は、海洋基本法を誕生させ、その第19条で初めて、日本の排他的経済水域（ＥＥＺ）の水産資源と石油、天然ガス、マンガン、コバルトなどの海底資源を護ることを明言しました。

これら3つの成果は、いずれ歴史からフェアな評価を受けるでしょう。日本では政治の分析や報道が常に情緒的です。そうした評価方法が変わって初めて、日本の政治が変わります。

――失敗はどの点ですか。

たとえばテロ特措法の扱いです。

辞任表明会見で述べた通り、安倍さんはインド洋の補給活動の「中断なき継続」を、総理の職を賭すほどに重要なものと考え、自分の言葉に殉じました。

しかし、その判断は間違いです。

日米同盟の絶対視が招いた安倍辞任？

――なぜ安倍さんは自らを追い込んだのでしょうか。

政権末期に実は安倍さんは、中曽根康弘元首相に傾倒していました。

中曽根さんは「安倍君は小泉君より偉い。戦後体制全体の見直しを進めているからだ」と高く評価し、政権が求心力をなくすなかでも、かばいつづけた。安倍さんの側近は当時、「安倍総理は中曽根さんを『最後の心の友』なんて言うんだ」と困惑していました。

――「職を賭す」発言に中曽根さんの示唆があったのでしょうか。

その可能性が高いのです。

中曽根さんは「補給の中断なき継続は、総理の職を賭してでも実現する価値がある」という趣旨を安倍さんに伝えたと、わたしは理解しています。

アメリカにはいつも「満額回答」でなければいけないという冷戦構造下の発想ですね。そして、安倍さんはシドニーでブッシュ大統領に「中断なき補給継続」を約束しました。

——しかし、政府・自民党はテロ特措法の延長ではなく、新法を作る流れでした。新法なら、補給の中断は避けられない。

安倍さんは小沢一郎さん（民主党代表）と会談し、総理を辞する代わりにテロ特措法の延長をのんでもらおうとしたが、自民党執行部はそのような不合理な会談はセットしなかった。

追い詰められた安倍さんは代表質問で、心にもない「新法」で答弁はできないと、代表質問の直前にあえて辞任した。

情報をフェアに総合して、安倍辞任の真相をそのように考えています。

もしも病気が本当に主因なら、まず入院するはずです。安倍さんは入院の前に、辞任表明会見を行ったことを思い出してください。

ひとりの宰相に与えられる役割をみるとき、個人の資質だけではなく、歴史的な天命を考えることが大切です。

日本がフェアな国家主権を回復し、本物の独立を果たす。安倍政権が、そのための最初の犠牲になったということを、主権者はきちんと知り、無惨な辞め方だけに目を奪われるべきではないと思います。

「中断」でも日米同盟は壊れない

――補給活動が中断となった場合に、国際的な影響はどうなるのでしょうか。

テロとの戦いをめぐって「日本はもはや参加しない」と止めてしまうのであれば、世界の中で日本は孤立するでしょう。

ですが一時的な「中断」であれば、悪影響は限定的です。

日米同盟は、沖縄県民や青森県民、東京都民、神奈川県民、山口県民、長崎県民そして全国民が米軍基地や予算を通じて支えています。

米軍にとって日本にある基地こそが世界展開のために最も重要な基地であり、補給の一時中断ぐらいで壊れる同盟ではありません。

――ほかにどんな影響があるのでしょうか。

「不朽の自由作戦」（ＯＥＦ）の司令部から外れれば、日本のシーレーン（海上交通路）の軍事情報を受け取れなくなります。インテリジェンスとして大きな損失です。

しかし、こうした悪影響を、プラスの方向に転換すればいいのです。

まず、いずれ復帰することを条件に、ＯＥＦの司令部にとどまれるように交渉する。

また、海上自衛隊には派遣の長期化は、かなりの負担となっています。中断期間をむしろ活用して、艦艇の整備と自衛官の休養に当てればいい。

状況が悪くても最善の手を打って次に備える戦術と、その柔軟な動きを可能にする大戦略のバックボーンが、不可欠です。

――「テロとの戦い」は続くのでしょうか。

旧来の戦争と違って、軍事的勝利というゴールは見えにくい。

テロ組織であれ、テロ国家による攪乱（かくらん）攻撃であれ、日本国内や海外の権益がいつ直面するかわからない以上は、日本もその新しいタイプの脅威から逃避するわけにはいきません。

現状はドイツやカナダというイラク戦争に反対した国までも、アフガニスタンでの「テロとの戦い」では多数の戦死者を出しています。日本だけ逃避すれば、「では勝手にすればいい」という日本への怒りや黙殺につながることを懸念します。

補給活動は、実は「少ないコストとリスクで最大限の利益を得る」活動です。

――中東では混乱が続いていますが、見通しを教えてください。

アフガンの治安の完全な回復は難しいでしょう。タリバーンは貧困につけ込み、若者に職を与える形でテロの「任務」に引き込んでいるからです。

イラクでは、「内戦の激化に伴い、イランの力が増大するだけだ」という、わたしがイラク戦争前に懸念した通りの状況です。

イラク戦争のさなか現地を歩いたとき、イラク南部のシーア派地域でイラン・イラク両国の国境が事実上消滅している場面も目撃しました。

つまりシーア派が本拠を置く国であるイランが、武器や人員を自在に送りこみ、イラク南部を勢力下に置いています。

――イラクの混乱は続くのでしょうか。

イラクは既に、北部のクルド人地域、中部のスンニ派地域、そして南部のシーア派地域に事実上、3分割されています。

国家をまとめようとアメリカが苦労していますが、実現可能か、わたしは疑問視しています。

南部は、良質の未開発の油田がある可能性が強い。このままイランが勢力を浸透させ、その石油を実質的に支配すれば、サウジアラビアをはじめ親米湾岸諸国を脅かし、さらには世界への脅威ともなるでしょう。

自民・民主の政策の問題点とは何か

——では政府・自民党と、民主党の安全保障政策の問題点を、あらためてうかがいます。まず、「国連中心主義」を掲げる民主党の小沢一郎代表の考えをどう思いますか。

国連は、リアルな国際政治そのままの、国益がぶつかる権謀術数の世界です。小沢さんのようなベテラン政治家が、国連の危うさを知らないはずはない。彼はあくまでご自分の権力奪取の手段のひとつとして、「国連中心主義」を掲げていると考えます。

——政府・自民党が進める、アメリカの世界戦略への迎合にも、多くの国民は怖さを感じています。

テロ特措法について世論がふたつに割れているのも、「アメリカ一辺倒」への危うさを賢明にも国民が感じたためでしょう。

米朝（アメリカと北朝鮮）の急接近を最先端として、アジアでもついに冷戦構造が根っこから壊れようとしています。「アメリカと組んでいるだけで安全保障は大丈夫」という考えは、実際の状況に合わなくなっています。

誰が味方か、誰が敵か、問題ごとに変わる時代の到来です。

そのなかで、米軍は世界規模の再編を進めています。再編を一言で言えば、アメリカが海外に展開していた軍のかなりの部分を母国に戻して本土防衛に当たらせることです。

アメリカは建国以来ずっと戦争を繰り返してきましたが、本土を攻撃されたことは、独立を完全に達成したあとは一度もなかった。９・11で初めて本土を攻撃され、その衝撃から米軍再編を始めたのです。

日本の真の独立のための議論のきっかけに

――日本の安全保障に警戒するべき事態ではありませんか。

アジアにいる米軍の縮小を過度に怖れる必要はありません。

これを契機に日本の防衛力を、米軍を補完するこれまでの姿から、対等な連携に変えればいい。軍拡を意味するのではありません。合理化との両立も可能だからです。

――これまでの日米同盟の姿も変わっていくのでしょうか。

中国の政治、軍事の膨張はこれからも続きます。日米同盟がなくなれば、日本は生存さえも難しくなる。

しかし、今回の米朝接近を見てもわかる通り、日米両国の国益が常に一致するとは限りません。日本が自ら主体的な防衛体系を整備する現実の必然性が生まれています。

――日本の安全保障をめぐる議論は、瑣末（さまつ）な文字解釈や空理空論に陥りがちとされます。

日本国憲法の前文には「諸国民の公正と信義」に日本の安全を委ねると書いてあります。

しかし本当は、国連加盟国192カ国（当時）なら192種類の公正と信義があります。統一された「公正と信義」があるのではない。議論の根本になる憲法が上滑りですから、議論が成り立たないのも当然です。

「言霊（ことだま）」と言われるように、日本には言葉を大切にする文化があります。おのれの安全を保障しようと本質を曖昧にするために言葉を使う、戦前から戦後へと続くそうした習慣から、まず見直したいですね。

国際政治は徹底的にリアリズムの世界です。現実に基づく正確な言葉を使った議論を始めるべきです。日本の真の独立を達成するためにも。

（インタビュー終わり）

vol.19

心臓を取り返す

アメリカ太平洋軍のキーティング司令官が訪中の際に、「中国が空母を造るなら支援する」と発言した。

ふつうに考えれば驚天動地である。

アメリカは中国軍の膨張に強い懸念を示してきたし、中国海軍が空母を保有すれば台湾海峡の緊張も極度に高まる。

フランスが中国に空母を売ろうとしたとき、わたしはパリへ行き、フランスの国防省や海軍の高官たちに「東シナ海の軍事バランスを崩し、日本にも大きな脅威になる」と中止を強く求めた。

その後、中国は空母を自主建造する方針に傾き、キーティング発言が飛び出した。これを「アメリカはビジネスのために何でもやる」と解釈するなら、一面的だ。

アメリカが建造を支援するとすると、それは巨大な空母の全体を制御する電子システムや、空母を中心とする艦隊を指揮するための通信システムになるだろう。

こういった技術はブラックボックス、すなわち中身を開けて見ることのできない状態で提供される。つまり、中国海軍の空母の心臓部を実質的にアメリカが握る。

そこにバグを潜ませて、いざとなれば遠隔操作で空母を無力化することも不可能ではない。

だから中国も、キーティング発言に努めて冷淡な反応を返した。

日本ではほとんど報道されないこの経緯は、ＣＸ（自衛隊の次期輸送機）問題の、もう一つの真実を考えるヒントになる。

守屋武昌・前防衛事務次官のゴルフ接待漬けは、浅ましい限りだ。

接待した宮崎元信・山田洋行元専務がＣＸのエンジンをアメリカＧＥから買う代理人である以上は、ＣＸの機種選定に、この癒着と腐敗が影響したのは間違いない。

政治家も関与している――これも、確実だ。

わたしは捜査当局者から、元・副大臣と、驚くほかない意外な大物政治家の名を、内偵の対象者として聞いた。

官僚も政治家も、賄賂（わいろ）を受けとった者は断罪されねばならない。接待もキャッシュも賄賂であることは同じだ。

だが官僚であれ政治家であれ、個人の犯罪追及で終わるなら、根っこを見逃すことになる。

輸送機は、一国の防衛の支柱だ。

戦闘機と比べ地味にみえるが、必要なときに必要な場所へ兵員、武器・弾薬、それに食糧や医薬品を運べなければ、いかなる防衛も成り立たない。

その重要な輸送機の心臓部、エンジンがなぜ、アメリカ製なのか。

防衛庁（当時）は、政府専用機のエンジンもGEであるから整備に共通性があるなどと関係者が非公式に説明し、GEに決めた。

だが、そのようなメリットと、航空エンジンを自主開発して日本の技術力を根本的に高めること、また防衛の主要装備の心臓部をアメリカに委ねないこと、それらの大切さを真っ当に天秤にかければ、どうなるか。

コストはかかるが、少なくとも国内勢に参入検討の機会をフェアに与えることが必要だった。

敗戦国の日本は戦勝国のアメリカに軍事の中枢はお任せせねばならない、この構図が当たり前のように続けられている。

航空機の開発をフルに祖国の手に取り戻す、これを日本の経済外交の焦点の一つにすべきだ。

情けない汚職事件からも、わたしたちはこの重要な外交改革を考えることができる。希望はいつも、絶望に踏みしだかれた足元からこそ、立ちのぼってくる。

防衛次官だった守屋さんは、たとえば沖縄について初めて本音を言った防衛官僚だった。地政学的な戦略観も持ち、わたしは次官室や、あるいは彼がまだ局長だった頃には局長室で、丁々発止の議論をした。

そんな議論ができる防衛官僚は、わたしは3人しか会っていない。共同通信の政治記者として防衛庁（当時）を担当してから20年近く、防衛庁、防衛省を間近に見てきてそうである。

その守屋さんが、たかがゴルフ代を業者にたかっているとは思いもしなかった。

事件が発覚したあと、若手の防衛官僚に「そもそも守屋さんは、そんなにゴルフを頻繁にやっていたのかな。熱心なゴルフプレイヤーなら、手袋のあとだけ白くて、腕が真っ黒に日焼けしているものだけど、そんな様子になかったけどなぁ」と何気なく話すと、彼は、虚無的な笑いを漏らした。

「青山さん、守屋次官におかれては、ゴルフ漬けがばれないように、ゴルフ場で腕全部が隠れる長い手袋をしていたんですよ」

ははぁ。わたしは言葉が出なかった。

守屋さんがまだ、防衛政策課長だったとき、大蔵省（当時）をはじめ中央省庁のスーパー・エリートたちが「ノーパンしゃぶしゃぶ」と称して下着を履かない女性が接待するしゃぶしゃぶ店に通い、銀行の担当者らに料金を払わせていたという「長手袋」並みの恥ずべき事件があった。

そのとき、捜査線上に実は、守屋さんも上がっていた。結局、立件はされなかったが、若い防衛担当記者だったわたしは、かつて事件記者だったときの人脈から、その情報を知っていた。

そして守屋さんの課長室に行った。防衛庁担当になって日が浅く、まだあまり面識もなかった。防衛政策課長は、将来の次官もあり得る、課長級では最高のポストだった。

わたしは「あなたは日本の防衛官僚では珍しく戦略観のある人だと聞いている。疑われるようなことは、おやめになるべきです」と直言した。

わたしは取材して記事を書くだけが記者の仕事とは考えていなかった。みずから身ぎれいにしつつ、直言すべきは相手が総理大臣だろうが、暴力団組長だろうが直言する。

それが、たとえば総理へのアクセス権を主権者である国民からお借りしている記者の義務の一つだと、ごく自然に考えていた。

守屋さんは「いや、あの……」と言葉を濁してから、「疑われるようなことはありません」と言った。

全身で逃げていた。わたしは、それでも『こんな若い記者に言われて、はい、ごめんなさいとは言えないだろう。内心では、反省してくれるはずだ』と考えて、課長室を出た。

長い歳月が流れて、守屋さんがついに防衛官僚の頂点である防衛事務次官になり、わたしは彼を、前述したように次官室に訪ね、地政学や戦略論の議論を戦わせることを愉しんだ。

ゴルフ接待事件が発覚したとき、裏切られたと思うより、人間はその弱点をなかなか変えられない哀しい存在であることを思い、わたし自身もその例外では全くないことを思い、そして、あの課長室のひとときを悔いた。

エリート課長の頭を一発、ぽかんとでもやって、「誤魔化してんじゃないよ、この野郎。天は見てるぞ、さっさと小汚いタカリをやめろ。やめないと、あなたはもっと偉くなってからこそ、破滅するぞ」と怒鳴れば良かった。

胸のうちで、そうも考えていたのだから。

若い記者が、たとえ取材対象でも年長者にそんなことを言ってはいけない、そう考えて自重した。その自重はおそらく間違いだった。

しかし、この情けない汚職事件からも、先ほど述べたように、わたしたちの外交改革を考えるきっかけを掴める。

そして、実はそれだけではないのだ。

読者は、わたしが東京のアメリカ大使館を訪れて、「北朝鮮と組んで同盟国日本を裏切るヒル国務次官補を辞めさせるべきだ」と求めて、激しく議論したアメリカ国務省幹部を覚えておられるだろう。

彼は、アメリカ政府の良心派とも呼ぶべきフェアなひとであるが、彼が電話をしてきて、何と言ったか。

「青山さん、ミスター・守屋に連絡を取ってくれませんか。彼は、沖縄問題をめぐって、たったひとりだけ日本の本音をありのままに、しっかり話してくれた人だった。汚職は事実だろうが、それはそれとして、わたしは彼に感謝し、慰労したい。東京に行くから、3人で一緒に食事できませんか」

わたしは内心で唸った。

カウボーイのくせして武士道を知るみたいな男じゃないか。

そのとおり、武士道とは、にんげんの哀しさを知っていることでもある。欲や私心の怖さ、人の弱さを知っているからこそ、みずからを剣士として律しようとするのである。

わたしは裁判を待つ身だった守屋さんに電話し、やがて3人でひっそりと食事した。

そして国務省幹部は、新しい任地である中国へ赴任していった。

ほんとうの日米同盟とは、こんなところに宿る。

嘘をつかない、上手な嘘もつかない、嘘をつくこと自体が悪いことだと本気で考えているのは、わたしの狭い経験では、世界で日本人とアメリカ人しかいない。

そして、他でどうであれ、みずからが関わった厳しい責務や任務、仕事において、立場を異にする相手が誠実であったならば、生涯、それを評価する。

にんげんを一つのことで、見ない。

こうした日本的な世界観を、意外に共有できるのも、またアメリカ人なのである。

あの硫黄島で、第二次世界大戦でも最悪の肉弾戦を戦った日米の兵士が毎年、早春に島に戻り、集い、おたがいを称えあうのも、ひとつには、それではないだろうか。

わたしが日米同盟は対等であるべきだと、常に言うのは、お題目ではない。

哲学において共感できるものを持つ者同士は、ほんらい対等なのである。

vol.20

宰相の言（こと）の葉（は）とは何か

注目の福田外交が、訪米から始まった。

諸国の外交官からわたしは「ヤスオ・フクダはまず、どこへ行くのかな」と聞かれていた。福田康夫・新首相の前任であった安倍晋三さんが、日本の総理には定石の参勤交代のような訪米を、あえて後回しにしたからだ。

非・親中派の安倍さんが訪中から始め、親中派の福田さんが訪米から始めた。裏腹にみえて２人の本音は同じだ。「警戒されている相手にこそ認められたい」である。

安倍さんは、中国の警戒心を緩めることには成功した。ただし、靖国参拝の棚上げとセットであった。この悪しき妥協は自民党内の親中派への配慮からであったが、だからこそ、最後は党内の親中派や親北朝鮮派に足元をみられて敗れ、無残な辞任につながった。

では福田訪米は成功か。

いや成功か失敗か、それ自体を誰も問わない。

日本の首相の訪米がアメリカ側で話題にならないのは実はいつものことだが、今回は日本側でも「福田さんはいったい何がしたくて行ったのかな」と自民党幹部が本心から首をひねる。

たとえばブッシュ大統領が牛肉のBSE汚染をめぐって「アメリカの牛肉のために日本の全面市場開放を求める」と明確に、つまり露骨に迫ると、答えは「日本政府は国民の食の安全を大前提に、科学的な知見に基づき対応していく」。

そりゃ当たり前だよと、日米両国の誰もが言うほかない。

「で、どうする。それを聞きたいのに、役人の作った言葉だけで止める。自分の言葉も自分の考えもない首相だと大統領は思ったでしょうね」と元駐米公使は、わたしに嘆き、長い溜め息をついた。

現役の外交官時代には、まさしくその「役人の言葉」でステートメントを作って首相らに渡していたこの人の端正なお顔を見ながら、わたしはわたしで長嘆息した。

福田さんに話を戻すと、拉致問題も同じであった。

アメリカの現役の外交官は「福田首相はミスター安倍に比べ、そもそも拉致被害者をどうしたいのかが分からなかった」と語る。

安倍さんは訪米で、ブッシュ大統領と2人だけのとき「日本人を拉致したままの北朝鮮を、テロ国家の指定から外せば裏切りだ」と日本の首相としてはかつてない強い言葉で合州国大統領に迫った。

アメリカはこれを「シンゾウ・アベは本気で、最後の一人まで被害者を取り返したいのだ」と受け止めた。

福田さんは「テロ国家指定解除の問題でも、日米の連携が重要であります」と外務官僚が用意したままの言葉を述べた。

この自分の言葉を持たない福田首相がCNNとのインタビューでは突然、強い言葉を並べた。

「北朝鮮が独立国として自立していこうとするなら、近隣に影響を与えるもの（核兵器）を放棄すべきだ」、「（放棄しなければ）北朝鮮はいずれ消滅する」

核を持ったままなら、自立できず、やがては国が消える。

これを、ふつうに日本のトップの発言として捉えると、意味が分からない。日本は北朝鮮の生殺与奪の権など握ったことがないからだ。それを握っているなら、舐められて国民を誘拐されはしない。

そこで中国駐在の経験が豊かな外交官に聞いてみると、驚きの言葉が返った。

「福田さんは、訪米にあたり水面下で中国に相談したらしい。中国は、『北朝鮮がアメリカと結んで核保有国の地位を確保し、中国の属国の立場から脱することを狙っている』とみている。中国はそれを許さないというメッセージが、福田さんの口から出たのでしょう」

もしも、万一かりそめにも日本の宰相が中国のメッセンジャーになるのなら、まさしく独立国として自立できないし、いずれ日本国は消滅するだろう。

vol.21

引き裂かれて属国に

属国。

これほどの屈辱の言葉は、主権国家にとって他にない。みだりに使ってはならない。ところが２００７年の年末に、この日本国が、３つの大国の属国として引き裂かれる予兆がはっきりと顕れた。

ひとつは、中国の胡錦濤国家主席に拝謁を願おうと、与野党のトップらが大挙し、先を争って訪中したことだ。

まずハイレベル経済対話と称して07年12月１日、福田政権の外相や財務相ら６閣僚が北京に入った。

この「対話」は安倍政権当時に日中が合意した外交スキームだが、その第１回に、日本側が中国へ赴くことがほぼ自動的に決まっていたことが、そもそも属国の入り口である。

そして高村正彦外相だけが中国側に選ばれる形で、胡主席と会談し、東シナ海のガス田問題の「早期解決」で一致した。

日本の主権下にある海底資源を、国際法のフェアな視点からみて中国が盗掘しているという深刻な事態が公正に解決されることは、この協議ぶりでは難しい。

この5日後、今度は民主党の小沢一郎代表が、議員と支援者を合わせ実に450人近く引き連れて訪中した。

民主党の若手議員は「ゆったりと座る胡主席に対して、小沢代表は椅子に浅く腰かけ、大汗をかいて、日本国民は中国首脳が日中友好に大きな関心を寄せてくださっていることに深く感動しております、そう言った。正直に申して、恥ずかしくて声も出ない」

この議員の感覚は正常だ。

「北京の首脳が関心を寄せてくださって」という言葉は、まさしく中国皇帝に冊封された周辺諸国の王が使う伝統の決まり文句なのだ。

これをみて福田康夫首相も年内訪中を急いだ。

すべて国会開会中であり、小沢訪中のあいだに衆参の本会議が中止された。

眼をもうひとつの隣国ロシアに向けよう。

プーチン大統領は、後継にメドベージェフ第一副首相を指名し、そのメドベージェフさんに与党大会で「私が大統領選に勝ったら、プーチン閣下に首相就任をお願いする」と言わせた。

つまりはプーチン大統領の後継はプーチン首相という、笑えない異様な事態であり、プーチン皇帝の出現と表現しても、そう誇張ではない。

そのプーチン皇帝は日本に何をしているか。

かつて南半分が日本領であった樺太（サハリン）において、プーチン大統領の前任のエリツィン大統領が90年代前半から天然ガス開発を始めた。

しかし1兆円を超える資金がなく、日本の2大商社とオランダのロイヤル・ダッチ・シェルに出資させた。

99年にようやく採掘を開始したが06年、プーチン政権は突如、環境に悪いとのたまわって採掘を中止させた。

日蘭（日本とオランダ）の3社は持株を半減され、ロシアの国有ガス会社ガスプロムが50%プラス1株を確保し、支配権を握ることで採掘再開となった。

要は、開発だけさせておいて成果は奪ったのである。

この樺太から延びるパイプラインを北海道から入れて、その元栓の開け閉めで、ロシアは日本のエネルギーを左右する。ロシアのほんとうの狙いは、そこにある。

そのガスプロムの会長こそ、メドベージェフ次期大統領だ。

このままの日本では政治と経済が中国、エネルギーがロシア、安全保障がアメリカの、それぞれ属国化する。

これまでの日本外交を克服する「超外交」を創るかどうかが、祖国の存亡を決めるのだ。

vol.22
哀しき合わせ鏡

マーケットは「フクダウリ」一色である。

世界経済にサブプライムローンあり、原油高あり、しかし日本の株安は、ほんとうは「福田売り」に尽きる。

国際マーケットで日本にいくらかでも関心を持つフィナンシャル・アナリストやトレーダーに話を聞くと、その共通語は「フクダウリ」であると分かる。

福田康夫首相という個人が売られているのではない。それならまだ良い。

福田内閣という統治を、この時期の世界に送り出した日本そのものが、ひたすら売りを浴びている。

その日本売りには、福田政治を超克する役割を果たすはずの野党第一党も、加担している。小沢民主党は、福田政治の後ろ姿を見るために置かれた合わせ鏡のようだ。

日本は前からみても後ろからみても売り、民主党はむしろそれを強調している。

世界は、日本が新年度予算をどう使うか、固唾を呑んでみていた。もはやグローバリゼーションという小綺麗な言葉では表せないほど、世界はぎゅっと縮んで一つに絡まり合っている。

日本がその巨体の予算の活かしかたを誤って経済がさらに弱まれば、確実に世界に響く。

ところが日本政治は、ガソリン税に上乗せした25円をどうするか争うばかりだ。民主党が「ガソリン値下げ隊」をば結成し「ガソリン解散」を叫び、与党がこれを押しとどめる。予算をめぐる本格論戦はほとんど、これだけだった。

小沢政治がポピュリズムであることなど、世界の誰の目にも分かる。なにせ党代表だった前原誠司代議士が公然と、「小沢政治は内政バラマキ、外交反米、これで政権を担えるのか」と発言している。

そして与党自民党は、このガソリン税の使い途をめぐって何をしたか。

小泉、安倍の両政権が施政方針演説などに「道路特定財源を一般財源化する」という改革の方向を盛り込んだが、福田政権ではするっと姿を消した。

きちんと理論武装し、国民そして世界への説明があってのことならまだしも、音もなく消えている。

小泉時代はやっと構造改革をやろうとしているようにみえた、安倍時代はややグレーになった、福田時代は改革がどこかへ消えた。

だから小泉政権当時の日本は買い、安倍政権では様子見、そして福田政権は売り。それだけのことだ。

世界マーケットに見捨てられては、日本が超経済外交へ脱皮するなど空しい夢となる。

本稿を執筆しているパソコンのディスプレイの一角には、テレビ画面が開く。衆院予算委の中継が映っている。

質問する議員をＴＶカメラが写すとき、そのアングルに入る位置に、質問とは無関係な議員が談合し順番を決めて入れ替わり立ち替わり座り、さも質問を熱心に聴いているかのようなポーズでＴＶに映る。

選挙区で、「あ、センセイが映ってる」と言って欲しいからだ。

この馬鹿馬鹿しい慣習を国民は知らない。わたしは政治記者の時代に、議員たちがこれを例に挙げて「選挙は大変なんだよ」と言うのを何度も聞いた。

正直、その涙ぐましいとも言える努力？ に、こころのうちでは同情もした。しかし今は、カメラ目線の自意識過剰の顔を見ながら、腹を立てないわけにはいかない。

日本国が売られているときに、あなたがたは自分がいちばん大切なのか。

それでもいい。

しかし、どうか国会議員の職だけは辞していただきたい。

vol.23

まだ希望の地はある

地球には忘れられた国がある。

その国を、だからこそ戦略上の要衝と考えて接する大国と、世界が忘れたのだから自分も忘れていいと軽く考える大国がある。

前者が中国、後者が日本だ。

わたしは2月、インドシナをすこし歩いてきた。まずタイの首都バンコクに入り、そこを拠点にカンボジアやラオスをめぐった。この両国が忘れられているからだ。

世界遺産はあり、観光地としては認識されているが、国家として何をしているかは、ほとんど意識されない。

たとえばカンボジアがキリングフィールドと呼ばれたように、虐殺や戦乱の両国であった時には世界が注視したが、ようやく平和を取り戻すと皮肉にも忘却された。

バンコクで日本大使館を訪ね、インドシナ全体に責任を持つ高官に聞いた。

「ラオスは、今もパテトラオ（ラオス愛国戦線）の流れを汲む一党独裁ですか」。

きわめて初歩的な質問だが、わたしは現在のラオス人民革命党の一党独裁は旧態依然の社会主義か、それとも内奥では何らかの変化があるのかを問うたつもりだった。

キャリア外交官の彼は答えた。

「聞かないでくださいよ、青山さん。知らないんです。ま、近く視察に行きますから、その時までに勉強しますよ」

彼はまさしく何も知らないと、平然と語ったのだ。

わたしは今さら驚かない。これが日本外交だ。だからこそラオスやカンボジアに入ろう。そう思い直した。そしてバンコクを発ち、両国に入ると、特にラオスで若い国民が多いことに驚いた。

ラオスで農村を訪ね、まるで日本昔話でみる世界のようだと考えながら、でこぼこの細道を歩いているとガキ大将のような逞しい表情の少年たちとすれ違った。手に手に棒を持つ。おやおや喧嘩でもやるのか。少女たちは垢まみれの衣服でも目を見張るほど清楚で、水汲みや赤ん坊の世話に懸命に働いているのにと、ちらり思った。

窓ガラスもない教室に黒い瞳と笑い声がいっぱいの小学校を訪ね、帰り道、先ほどのガキ大将たちとすれ違った。

長い棒に、荷を通して担ぎ、凛々しい、しかし自然な表情で少女たちの働き場へ走っていく。

そうかそうかと嬉しくなった。

この少年少女が学校へ行けず、大人になった時も勤勉か。その現実もある。

しかし、それだからこそ日本はなぜ、こうした労働力を育てず中国にばかり工場を造ってきたのか。反日教育を受けて育った労働力に、なぜ依存する。

アメリカ国務省幹部によれば、その中国はラオスに対し、多額とも言えない援助金の返済を迫り、それをテコに「返済したくないなら言うことを聞け」と、ちゃっかり圧迫しているという。

多額のODAをラオスに供与しながら、カネを渡せばそれで良いだろうと忘れている日本とは、対照的である。

ラオスへのODAは日本がトップで約85百万ドル。2位のスウェーデンの18百万ドル、6位の中国の10百万ドルなどを大きく引き離している（2004年秋から1年）。

インドシナ半島の中央にあり、中国など5か国に国境を接するラオスは、日本が中国と対等でフェアな関係をつくるためにも地政学上の要衝だ。

日本の企業家は、既存の中国の工場で朝令暮改のルール変更など、もうさせないためにも、こうした忘れられた国を歩いてみて、新しい進出先に加えてはどうだろう。

外交とは役人と政治家だけがつくるのではない。

vol.24

名誉あってこそ外交あり

外交とは、国民の広い総合力で臨むものだ。

だが、日本国では、外交・安保に関わる者は社会の深い部分で「変わり者」とみなされ、「狭い分野の人」にされてしまう。

いわゆる軍事オタクの話ではない。

専門家が、外交・安保を包括的に国家戦略に組み込もうとすればするほど「いや、外交・安保の世界だけに閉じ籠もっていろ」という圧力を受ける。

わたし自身、それを受け続けてきた。

しかし、さほど困らない。なぜならそれを逆にみれば、国の外交・安保というやつが、たとえば一見は関係の薄い個人個人の名誉の問題と、どう根っこでつながるかを国民が理解すれば、それだけで日本外交が劇的に変わる希望が生まれるからだ。

わたしは過日、長野県の松代町を訪れた。

信州の山並みに残雪が美しい日曜日、ここで二人のアメリカン・ヒーローの法要が行われた。栗林忠道さんである。

太平洋戦争末期の凄惨な硫黄島の戦い、そこで玉砕した陸軍中将の栗林さんがアメリカン・ヒーローとは、奇をてらって述べているのではない。

栗林中将は、戦った敵国のアメリカでは名将として称えられ、祖国日本では忘れられ、生地の松代では「2万人の兵を玉砕に追いやった人」と貶められて、戦後の60年が過ぎた。

ところが、ハリウッド映画「硫黄島からの手紙」が公開されると、このアメリカからの発信で栗林中将の見直しが始まった。

わたし自身も、硫黄島を忘れていたおのれを恥じて、民間人は立ち入り禁止の硫黄島に入ろうと防衛庁（当時）と交渉を始めた。

そして難交渉の果てに、自力で島に入った。

遺骨収集に同行し限定的に島を見た人たちはいるが、完全に自由に島内をくまなく検証したのは、いまだに不肖わたしだけと聞く。

その検証から浮かびあがったのは、指揮官・栗林中将の冷静にして熱い志だ。

中将は将兵にバンザイ突撃と自決を禁じた。帝国陸軍に稀な親米派であり、最後まで日米開戦に反対したからこそ、アメリカがなぜ硫黄島を取ろうとするか、その真意を知っていたのだ。

なかなか降伏しない日本を降伏させるには、硫黄島を拠点に本土を爆撃し、女性と子供を殺害して「民族根絶やしになる前に降伏しよう」と決断させる。

それがアメリカの真意だと見抜いて、玉砕を禁じ、灼熱のなか地下壕を掘って籠もり、奇跡のように持ちこたえて本土爆撃を遅らせてから、最後に玉砕した。

見抜かれたアメリカは、海兵隊の猛将をはじめ軍人も政治家もクリバヤシをフェアに絶讃し、いまだに硫黄島が大統領の演説に登場する。

松代町で開かれた法要は「六十三年回忌」であった。

死者を偲ぶのは、ほんとうは五十回忌で終わりだ。法要は単なる法要ではなく、栗林さんと、それから硫黄島で戦った「日本兵」という名の、30、40歳代のふつうの日本国民の名誉を回復する試みだった。

だが、それは胸を突く異様な法要でもあった。

主がいない。墓に遺骨がない。いまだ硫黄島に取り残されたままだ。

なぜか。名誉なき悪者にされているからだ。

2万人の戦死者のうち遺骨となって帰郷したのは、たったの8千数百人である。1万2千人以上が63年を経てなお、島に閉じ込められている。

この法要を開くまでには、地域で嫌がらせもあったと聞く。

参列し、つたない講演をしたわたしにも、これは全国から嫌がらせがある。

おのれの名誉を知らない国に、たとえば名誉が何であるかを知るアメリカと、対等な外交はない。

経済交渉であれ、それはまったく同じことである。

vol.25

隠された資源大国よ目覚めよ

時代の転換は、ちいさな予兆にこそ表れる。

中東イエメン沖で日本の原油タンカーが海賊に攻撃された。関係者は衝撃を受けたし報道もされた。だが船体の損害は軽微で、負傷者なく、航行に大きな支障もなかった。だから不可解な一過性の出来事として忘れられるだろう。

ところが、これまでの海賊事件と決定的に違う一点がある。

それは精製前の原油を積むタンカーが狙われたことだ。

海賊はふつう、転売できる積み荷こそを狙う。

精製後のガソリンや軽油なら狙われてきたが、転売できないはずの原油が狙われたケースはあるか。

海賊事件について、完璧に信頼できる国際統計はない。しかし日米英の当局者はいずれも「過去になかった」とわたしに話し、海上保安庁の公式アドバイザーを務めるわたし自身も、一度も聞いたことがない。

「お馬鹿な海賊が間違って襲ったんだろう」とみることもできる。それなら忘れ去ってよい。

だが、この海賊船を追尾した多国籍海軍の情報によると、海賊船は5隻が組織立った行動をとり、武装もロケットランチャーや機関砲を備えていた。

すなわち高度なプロフェッショナルという可能性が高い。

それならば、精製設備を持つ国家あるいは企業が海賊団に発注して、この初攻撃となった可能性を考えねばならない。

襲われたタンカーは空荷だった。だから15万トンの巨体が16・5ノットで逃げ、海賊は約50分で追跡を止めた。これも「やはりお馬鹿な海賊」と考えて済ませる思考法もある。しかし「情報がまだ不充分だったか、日本船と多国籍海軍の動きをみる小手調べだったか」と考えてみる方法論もある。

海賊という言葉は、古い野蛮な賊のイメージだ。そのような海賊も確かにいる。

だが多くは不法ビジネス集団であり、確かな需要か契約があって初めて動く。そうでなければ船団と戦闘員を維持できず、弾薬や糧食を補給できない。

そして、ちいさな事件の底流に巨大な潮流が動いている。眼を中東から北極海に転じてみよう。

北極海は、地球の温暖化によって氷が解け、北極グマが足場を失うという危機にある。そこへカナダは軍を出し、同じく軍をせり出してきたロシアと鋭い緊張が高まっている。なぜか。氷が溶けるのなら海底の資源を採れるからだ。

あの穏やかなはずのカナダにして、これである。世界は資源戦争に突入している。中国やインドの爆発的な資源消費があるからには、奪い合いは続く。いや、単に続くのではなく、想像を絶して激化していく。

この背景を考えれば、原油タンカー襲撃が一過性とは、とても決めつけられない。日本が中東から船で油もガスも運べない時代も想定せねばならない。

この危機に備えるために、ひとつは自衛隊のシーレーン防衛の開始がある。そしてより根本的な解決として、自前資源の開発がある。

わたしたちはみな、日本は資源小国だと幼い頃から教わってきた。

だが真実は、隠された資源大国である。

人類の第4の埋蔵資源であるメタン・ハイドレートの世界最大級の埋蔵国だ。

また国連機関の報告では、東シナ海の尖閣諸島から沖縄にかけて原油と天然ガスを一定量、埋蔵している。

日本の資源外交とは、外国からいかに安定的に資源を売ってもらうか、であった。

これを東シナ海をはじめ、自前資源を新開発するための環境を整える外交に変える。
これぞまさしく、われらの超経済外交である。

vol.26

不幸なる黙示録

終末の黙示録のような偶然——四川大地震は、４つのあまりの重大事が、不幸にも重なりあっている。

ひとつは誰でも感じたように、チベット人が多く棲む地域で発生したことだ。

２００８年3月のチベット民衆蜂起のあと、北京五輪の想像外のイメージダウンに苦しむ中国は、胡錦濤国家主席が、毒ギョウザ事件が未解決のままでもあえて日本に入ってきた。

親中派の福田康夫総理との親密ぶりを世界にみせて、失地回復に利用した。その帰国直後にチベット人の土地で大震災とは誰も想像しない。

中国指導部はしたたかである。むしろ、これも活用しようとした。

温家宝首相が間髪を入れず被災地に入り「中国と一体であるチベット人」をも救う姿をアピールし、チベット亡命政府は抗議活動の停止を指示した。

ところがその救済に、チベット人をはじめ少数民族と漢人では大差のあることが、次第に明らかになっていく。

たとえば成都の病院ではベッドも食糧もあるが、西奥のチベット自治区の方角に近づくにつれ救助も来ず、医薬品も食糧も欠乏している。

少数民族の問題は根深いことをあらためて諸国に認識させた。

人民解放軍の部隊は、チベット人の多い地域では救助よりも治安維持任務が主であり最優先だという外交官の確かな証言もある。

ふたつには、このチベット人の多い地域は、中国の核施設が集中立地されている。

綿陽市は水爆の研究、また公元市は実用中の核弾頭の製造、そして江油市は中性子爆弾の製造がそれぞれ確実視されている。

中国政府は「民生用の核物質が瓦礫に埋まったが、大丈夫だ」と公表して、逆に、世界に衝撃を与えた。

民生用の核施設で問題が生じたなら軍用が無事である可能性は小さい。

中国の核開発は水面下で、フランスのビジネスを当て込んだ深い協力に支えられてきたが、そのフランス政府の放射線防護・原子力安全研究所が問い合わせると「原子炉に損傷はあったが廃炉なので問題ない」と回答があったとされ、世界中の核専門家に深刻な驚きをもたらした。

本当に廃炉なのか、また損傷はそれだけなのか……。

みっつには、この大地震の直前にミャンマー（ビルマ）でサイクロン襲来があった。軍政は遺体を数えることすら放棄しているとされ、腐敗が進む亡骸は国連の専門家によれば最悪20万を超えている恐れがある。

すでにコレラをはじめ伝染病が発生しており、このミャンマーは北で中国・四川省に、南でインド洋に繋がっている。四川省でもチベット人を中心に腐敗するままの遺体が多数あるとみられ、未曾有の広大な伝染病地域が発生したまま隠されている怖れがある。

よっつには、この四川省やチベット自治区のあたりこそ、中国の鳥インフルエンザの源発地なのだ。

鳥インフルエンザが新型の人インフルエンザに変異を遂げるのは、強毒性のH５N１型ウイルスを抱えた鳥の内臓に触ったり、その鳥を食したりする人間が大量に現れた時だ。

チベット人の多い地区は食糧も足りず、鳥を食しているとみられ、瓦礫の下からこの鳥を取り出す兵や警官は、やがて五輪警備で本来の駐留地の都市近郊に帰る。

新型インフルエンザの世界的爆発「パンデミック」を起こす要因が、この四川大地震の裏でつくられていく恐れがある。

これら４つを客観的にみれば、中華人民共和国の絵空事ではない「終わりの始まり」という予感は誰でも湧くだろう。
もはや中国一辺倒の経済外交で良いはずはないのだ。

vol.27 どん底からこそ改革は成る

福田康夫内閣は、もしも倒壊するならそれは内政問題からだろうと、与党・自民党幹部の多くが半ば公然と語っていた。

だからこそ福田首相は通常国会の本格的延長をせず、洞爺湖サミットに向け外交課題に集中するスタンスをとった。

しかし、その得意のはずの外交で福田さんが致命傷を負ったのではという観測が、今度は与野党を問わず静かに深く広がっている。

同盟国アメリカの大統領が、北朝鮮をテロ支援国家の指定から外すと決めた。

北朝鮮が、せっかく保有した核兵器を手放し始めたという、到底信じがたいおとぎ話が、その理由にされている。

米朝は手を組み、寧辺（ヨンビョン）の核施設のうち冷却塔だけを爆破し盛大な煙があがるシーンを演出した。

だが日本国民を含む世界が注視したのは、爆破されたあとの瓦礫にカメラが近づいた映像だった。

コンクリートと細い鉄筋、ほかに何もない。

中にあったパイプやファン、その他の意味ある設備はとっくに取り外されていた。

原爆の材料になるプルトニウムを充分、作り終えているから、原子炉も、そこに隣接する冷却塔もご用済みであり。壊しても放射性物質の飛散しない冷却塔を爆破してみせただけ、そのことがわかりやすく露呈された。

核の放棄が真実なら、その材料を元にして核爆弾を作る工場こそ壊さねばならない。

それは後の段階なのだとライス・アメリカ国務長官は力説する。

しかし北朝鮮は、２００５年9月に六か国協議で「核を放棄する」と確約し、そのわずか1年後の06年10月に、逆に核実験を行い核保有国となった。

この北朝鮮を信頼することなど実はブッシュ政権にもできはしない。

ヒル国務次官補すら、関係者だけの場では「北朝鮮は悪魔だ」とののしった。

それは冷却塔爆破のまさしく直前、秒読みの頃だった。

なのに、なぜテロ国家外しに踏み切ったか。

米政界はまもなく夏休みに入り、休み明けの9月からは大統領選一色で、ブッシュ大統領と同じ共和党政権を継ぎたいマケイン候補は北朝鮮に融和的な姿勢はみせない。

アメリカ国民は誰も北朝鮮など信用しないからだ。

そこでブッシュ政権が「世界のテロ支援国家を1つ減らした」という実績を残すには、このタイミングしかなかった。

それには、ある準備が必要だ。

日本政府が、拉致問題で「北朝鮮の姿勢は良くなった」と断じ、日本独自の制裁を緩めることである。

なぜならブッシュ政権はかつて、テロ国家指定の理由のひとつに「拉致について日本が明確な説明を求めている」ことを挙げていたからだ。

そこでヒル国務次官補は日本との水面下交渉で「再調査の開始でどうか」と迫り、最終的に福田首相が受け入れた。

つまり福田外交こそが、アメリカのテロ国家解除を準備した。

日本国民はこの真実を知らされていないが、すでに「制裁を解除するな」という声を、メールや電話で首相官邸に殺到させている。官邸が公表しないだけだ。

「テロ国家指定の解除」は北との裏約束では6月20日までに発動するはずだったが、これが実行できない。

そのうち北朝鮮が「約束違反だ」と騒ぎ、そのことで経緯が暴かれ、福田政権は国民と北朝鮮に挟み撃ちされて立ちゆかなくなる……可能性がある。
もはや言わざるを得ない。
日本外交の改革は、まずこの、どん底福田外交の克服からこそ始まる、と。

vol.28

任せるな、みな使おう

アメリカ大統領選の民主党候補、オバマ上院議員がヨーロッパ諸国を歴訪し、ロックの新しいスーパースターが登場したかのような熱狂の歓迎を受けた。

ベルリンでは実に20万人が集い、オバマ候補の演説に酔いしれた。巧みな動員もあるにはあったが、アメリカ嫌いの増えているヨーロッパ人がここまで沸くのは、一驚すべきことだ。

オバマ議員はまだ大統領になれるかどうかわからず、1候補の選挙戦術にすぎないと言えばその通りだが、それでもなお、アメリカは国家の総体としてしっかり、まさしく「超経済外交」を遂行していると言える。

なぜか。大統領選はアメリカの国家システムの根幹のひとつだ。

先進国で最悪の黒人差別が存在してきた国であるにもかかわらず、その大統領選で、47歳の若い黒人を2大政党制のうちの1党の正式な大統領候補に押し出し、ふたつにひとつの確率で大統領になれる可能性を彼に持たせた。

しかもアメリカ合州国の大統領は、国家元首と、世界最大の政治力、経済力の遂行者と、それから世界最強の4軍（陸海空軍に海兵隊）の最高指揮官とを兼ねる存在だ。

被差別者を一気に、その高みまで持っていく柔軟性をアメリカは世界に見せつけた。同じ民主党でもヒラリーさんを持ってきて初めて女性を大統領候補に据えるのとは、ケタ違いのインパクトだ。ヒラリーさんではなくオバマさんを大統領候補に選んだのは、アメリカという国家の意志ではなく、民主党という政党の意志にみえるが、実はそのひとつの政党がすでに国家戦略を抱擁している。

２００８年は3月にドルがかつてない弱さをみせた年であり、このまま行けばドルが世界の基軸通貨から滑り落ちる現実を初めて諸国が知った年だ。

それから数か月でアメリカは、おのれ自身を変える力をまだ失っていないことを、大統領選という世界最大の政治ショーで充分にみせつけた。それによってドルを少なくとも当面は、致命的な凋落の危機から救った。

国家の外交とはこのように、その国家を支える基幹システムのポテンシャル（潜在能力）を、みな使って遂行するものだ。

翻って、われらが祖国をみれば、誰しも深い溜め息が漏れるだろう。

日本外交は、一握りの外務官僚に任せきりになってきたから、外交官の在外公館での華美な暮らしや不正蓄財までが起きるのであり、かつてその一部が露見したのは決して一過性の事件ではない。

最終責任は、われら主権者、ひとりひとりの国民にある。

拉致被害者がいまだ帰れずにいるのも、外国とのあいだで起きることは外務官僚に任せてきた時代が長かったからだ。

わたしが「超経済外交のススメ」を訴えているのは、伊達(だて)や酔狂ではない。

日本の国民と国家の生存がかかっている。

vol.29
日本の逆チャンスを活かせ

北京オリンピックは、中国共産党と、その一党支配下にある中華人民共和国の力の誇示のために捧げられた。

それは、もはや誰にも否定しがたい。

だが同時に、これは一種の総力戦外交だ。中国共産党がチベットやウイグルの叛乱をどんな無理をしてでも抑えきってオリンピックを今、開こうとしたのはなぜか。

中国は人件費が上がり、地区の共産党委員会による恣意的ルール変更も嫌われ、外資が逃げ出しつつある。

オリンピックで、中国はやはり魅力的な投資対象だと強調する必要があった。

そのためには、たとえば巨大な競技場を出現させ周辺の環境を外国人にも見栄えよくしようと、市民の住む家々を、あろうことか法的手続きも踏まずに打ち壊して更地にした。

隣国の日本をはじめ西側諸国の経済にとって最大の問題は、その総力戦外交が果たして中国経済の先行きにとって是か非か、そのリアルな一点にある。

北京オリンピックにこれから下る歴史的評価に、偽装五輪の汚名がつきまとうことは避けがたい。

前述の北京の無理な「浄化」も、市民の権利を保護する民主主義の価値観からすれば、偽装であるが、中国はこれでもかこれでもかと分かりやすい偽装例をオリンピックの開催中、繰り出した。

日本で報じられているのは、開会式で、少女に口をパクパクする演技をさせ、別の少女が陰で歌う声を満場に響かせた「口パク事件」ばかりだが、欧米社会に長い影響を残すのは、それよりも体操競技での深刻な年齢詐称の疑惑だ。

体操競技では、未成熟な体型がむしろ有利とされるために、16歳未満は参加資格がない。

ところが中国は、金メダルの何可欣選手をはじめ3人もの選手が実は14歳といった年齢ではないかと、欧米メディアに追及されている。

欧米が勝手に疑うのではなく、中国共産党の機関紙・人民日報や国営通信社の新華社がオリンピック開催前の国内大会で報じていた年齢では、明らかに3人は16歳未満だった。

これに対し中国当局は、北京で開かれているオリンピックであるのに、なぜか少女たちのパスポートを示して、16歳以上だと強調した。

中国は今後も否定を続けるだろうが、欧米社会にとって衝撃的なのは、これが子供の虐待につながりかねないという問題だ。

年齢詐称がもしも事実なら、子供に無理な練習をさせた上に、国家が子供に嘘をつかせ、さらには、あろうことか国家がパスポートを偽造したことになる。

欧米社会は産業革命の当時に、子供に無理な労働を強いて多くを死なせ、その反省から人権意識が育った。

この疑惑は、中国は根源的に異質な世界だと、欧米の深層心理にまで届いて思わせるだろう。

これらを総じて言えば、北京オリンピックは仰々しいまでに「成功」を強調しながら、深い部分で大失敗であった。

オリンピックを機に、外資の投資意欲は中長期的に衰えもみせ、産業資本が育っていない中国経済は主要なエンジンを失いかねない。

日本はこの中国経済の失速に備えるだけでは足りない。

世界をぐるぐる回るカネ、資本を、日本に呼び込むチャンスと捉えて行動せねばならない。

東京にオリンピックをふたたび招致し、北京とは対照的に世界と普遍的な価値を共有するフェアなオリンピックを開いてみせることも、行動の一つになり得る。

1964年の東京オリンピックは、北京五輪を踏まえて記録映画をみてみると、その清潔さに胸うたれる。日本みずからはそれを仮に忘れていても、世界は深い部分で覚えているし、その記憶を甦らせるのもまた超経済外交なのだ。

vol.30

宰相の濁りは、国民こそがつくった

外交の要諦のひとつは、交渉のまえに明瞭なメッセージを送っておくことにある。そのメッセージとは、発信国が意図して発出するものだけではない。意図せずしてメッセージに転じてしまうものがないか、常に把握しておかねばならない。

小泉純一郎・元首相の引退は、自民党の選挙戦略に打撃という次元よりも、世界経済への誤ったメッセージになることこそ大きい。

新首相の麻生太郎、そして民主党代表の小沢一郎の両氏は、実は内政では大差ない。「国は面倒をみない。主には自分でやってくれ」というのが小泉改革だ。それに対し麻生、小沢両氏は「やっぱり国が面倒をみます」という点で一致する。

面倒をみるときの財源について、麻生さんは「国の借金」を考え、小沢さんは「予算の組み替え」と主張しているだけの違いだ。

したがって麻生政権が船出した、そのタイミングに合わせて小泉さんが引退表明したことを、世界は「日本は構造改革を放棄した。小泉は改革を主導した元首相として、そのメッセージをあえて発したのだ」と、確実に受け止める。

ところが当の小泉さんは、そんなつもりは、さらさらない。

小泉さんは権力ゲームだけが好きで、権力そのものには関心がない珍しい宰相であった。本質は、博徒であって政治家ではない。だからこそ永田町の旧来の政治家たちは誰も対抗できなかった。

したがって、ご本人が言う、「総理を辞めたときに議員も辞めたかった」というのは本心である。

博徒は義理堅い一面も持つ。だから「次の総選挙まで、すなわち自分の議員任期が切れるまでは活動する」ということであったが、その総選挙が小泉さんの仕掛けた郵政選挙以来ずっとなかったから活動を続けてきただけのことだ。

ではなぜ、引退表明を新政権の船出に合わせたか。

次の総選挙は麻生政権下であっても自民党に極めて厳しいと、賭博師として読んで、早く表明しないと次男の進次郎さんの当選は危ういとみたからだ。

大新聞の政治面に「小泉改革を否定する麻生首相に当てつけた」などと、小泉さん本人に取材もできていない記事が載ったが、嘘である。

小泉さんに当てつけなどという発想はない。

そもそも「総理を辞めて自分のゲームは終わり」であって、麻生さんのやる政治は麻生さんのゲームであり、さほどの関心はない。

小泉首相は在任中に、構造改革のために国民に痛みを分かち合うよう求めた。ところが四代目の世襲を次男に与え、親族には痛みも構造改革も回避させた。次男の進次郎さんがどれほど優れた人材であっても、その意味あいからは、国民には痛いメッセージだ。そして世界には「日本は旧態依然が続く」という小泉さんの意図せざるメッセージとなる。

小泉さん引退と改革継続は本当は関係がない。だが外資は逃げる。外資抜きで好景気を続けられる経済はもはや、どこの国にも存在しない。

小泉さんは飛ぶ鳥、跡を濁したのであるが、実はこれが初めてではない。

総理を辞めると表明したとき、さっさと公邸を出てホテル暮らしになった。しかし、その公邸は24時間、情報収集できる首相執務室をはじめ危機に強い公邸への改築に86億円の税を費やした。

メディアは、ホテル暮らしをただの「面白い話題」として報じ、国民も受け容れた。この過去があったからこそ、小泉さんの最後の濁りも生まれたのである。

vol.32
戦略は統合こそが命

衆院解散・総選挙は先送りし、代わりに麻生首相らは国際会議にどんどん出る。出て、金融危機の克服に貢献する。

わたしは、危機対応を選挙に優先させることを支持する。

しかし同時に、国際会議が繰り返し開かれるのは、なぜなのか。

それは当たり前にみえる。しかし、当たり前にみえる時こそ有権者は、耳目や頭を総動員してみずから考えたい。

すると、おかしな点が一点ある。

国際会議に集まるメンバーは、ほとんど重なる。同じメンバーでなぜ、何度も会議を開くのか。財務省幹部は当初、わたしにこう言った。

「そりゃ、当たり前。いろいろ対策を考えなきゃいけないんだからさ」

確かに時価会計の見直しなど、いくつかある。だが最後は一つ、公的資金の投入だ。

つまり国際会議を同じメンバーで何度も開くのは、世界を覆う金融危機に対して誰がどれぐらいカネを出すか、そのせめぎ合いが会議の隠された実体だからだ。

その国際会議へ、日本は「わたしたちは金融危機を克服したのですよ」と成功譚を披露しに行くという。世界は大歓迎である。「そんなに成功なさっているのならカネを出してくれ」となるからだ。

しかし、そもそも日本は成功体験を持つのか。1993年にまずは不良債権の買い取りで乗り切ろうとした。なぜか。日本の金融機関の不良債権の総額を、きちんと把握して表に出すことを避けたためだ。

これは失敗した。

それが最後にはうまくいったのは、98年にようやく、公的資金の投入に踏み切ったためか。

いや、違う。

民間企業が血を流して首切りをやり、さらに輸出の好調によって景気が回復したからだ。

今の世界の金融危機は、別の意味で不良債権の全貌を把握できない。サブプライムローンを細切れにして、雑多な金融商品にまるで金属片のように潜り込ませたから、そのすべてを正確に掴むのは技術的に難しい。

さらに「金融の大量破壊兵器」と呼ばれるＣＤＳ（クレジット・デフォルト・スワップ）のような金融派生商品の破局の可能性もあり、リスクの規模をどこまでだと考えていいのか、世界の誰にも分からない。

国際会議を繰り返すうち、姿の定まらぬ怪物に日本のカネが吸い込まれていくこともあり得る。

為替の運用だけでは不足する。

先の財務省幹部も最後には、「会議は要は誰がカネを出すかだ」とわたしに明かした。

しかも国際会議は最も重要な裏合意が数年から10年以上も隠されることが少なくない。

では、どうする。

国際会議の場で諸国に「まず、貴国に不良債権と新たなリスクがどれぐらいあるか把握してから、カネの分担を決めよう。それができていないなら顔を洗って出直せ」と求めることだ。

日本も地銀を中心に、いまだ表に出ていない不良債権を思い切って洗い出す必要がある。

日本がこのままでは化け物の肩代わりを演じそうな背景は、何か。

それは、金融危機が起きると「さぁこれは経済問題だ。外交・安全保障の話はやめて経済の話をしよう」となるマスメディアであり、そのメディアの特徴は国民の意識から来る。

金融と経済だけ詳しくて外交術を知らないなら、逆に危機をかぶる。

経済・金融・為替と外交・安保、そして政治・政局を切り離すな。

バラバラにするのではなく統合して事に臨め。

その超経済外交なくしては、いよいよ日本は滅ぶ。

vol.33 再び「幕末」をつくる

かつて中国共産党の首脳発言で驚くときは、「政治闘争の始まり」と相場が決まっていた。

いまや、それは姿を消し、代わりに経済をめぐって驚きの発言がある。

胡錦濤国家主席は2008年11月29日、北京でひらかれた中国共産党政治局の学習会で党総書記として演壇に立ち、金融危機を積極的に取りあげ「中国では外需が明らかに減少している」と異様なまでの率直さで指摘した。

そして厳しい表情で言葉を続け、「国際経済での競争において中国が守り通してきた優位が次第に弱まってきている」と語った。

何を伝えようとしているのか。

まず前者の言葉は、アメリカで金融危機が実体経済へ波及したことによって、世界の工場としての中国への発注が激減し、倒産や労働者の首切りが激増している事実を実質的に、露わにしている。

そして後者の言葉は、安価だった人件費が急カーブで高くなり、外資が中国から脱走し始めていることを示し、さらに人民元の上昇と、毒ギョウザやメラミン混入など中国の食の安全への強い不信が相まって輸出も大幅ダウンしていることをも、事実上、認めている。

胡錦濤主席は、そのうえでこう言った。「（経済の急減速という）圧力をむしろ動力に転換して、安定していながらも速い発展を続けられるかどうかで、わが共産党の統治能力が問われることになる」

わたしは、驚いた。

「他国からすれば異常なほどの高成長率を維持しない限り社会不安が起きて、共産党の独裁が危うくなる」という含意だからだ。

これはアメリカ大統領選を想起させる。

危機があまりに深いために黒人大統領を生んだ。

アメリカはたった今でも強烈な人種差別国家だ。わたしも、ＮＹやロスなどの大都市ではなく地方へ出張すれば、その人種差別に直面する。

為政者だけではなく、元首と、世界最強の軍の最高指揮官を兼ねる存在に黒人を押し出したのは、ＣＨＡＮＧＥなどという生やさしいものではなく自己破壊である。

ドルと軍事力の絶対優位が崩れた危機がそこまで深刻だとも言えるし、アメリカは民主主義の底力を発揮しているとも言える。

一方、不利な情報は隠蔽し、党の過ちは認めないことこそ共産党独裁の本質だ。

それを「共産党が現状のように甘ければ、統治が難しくなる」と中国のトップが公式発言するのは、民主主義と独裁主義の違いは厳然とあるものの、危機の重大さを国家として自覚している点でアメリカと共通する。

日本は宰相をはじめ「先に金融危機を克服したのだから、今度は世界に教えてあげる番だ」という愚かな思い込みがいまだ、ある。

日本の金融危機は確かに世界に先駆けてやってきた。

しかし救ったのは、日本政府のタイミングを逸した公的資金注入ではない。

民間が血を流して人員整理をし、さらに米中の好況で輸出が好転したことに救われたのである。

その米中いずれも金融危機から大不況に墜ちていくなかで、どうして「日本が世界に教えてあげる」などという経済外交をするか。

こんなにピンぼけの経済外交しかできないのは、なぜか。それは、米中より日本が劣るから、ではない。

日本の政官が日本の民より劣るのだ。

いっそ与野党を問わず政治家を総とっ換えし、別の職業を持つひとびとがボランティアとして政治に取り組み、カネも地位も、そして命も要らぬひとびとで国会を埋めれば外交もほぼ一瞬で変わる。

夢想とは限らない。わずか150年前の幕末がそうだったのだから。

vol.34

命と国民経済のために

外交のあり方が、国民の生命や国家の経済を左右する。

これは良く知られている。

外交によっては戦争にもつながり、前世紀は戦争と革命の世紀であったから、その経験がわたしたちに蓄積している。

しかし今世紀は、戦争でも革命でもないのに大量死や国民経済の破綻を招く、新しい脅威と、外交のあり方が繋がっている。

その脅威のひとつが、ウイルスである。ウイルスなら前世紀からお馴染みと考えるなら、それは違う。

お馴染みだったのは弱毒性のウイルスであり、たった今、世界の鳥や豚に広がるH5N1型ウイルスは史上初めての強毒性だ。

これによる新型ヒト・インフルエンザが起きれば一体どれほどの人が死ぬのか。

海外諸国の推計を総合すると、世界では3億5千万人、日本では2百万人ほどが亡くなると予測している。

厚労省は日本の死者を最大64万人と予測しているが、実はウイルスを弱毒性として計算している。

さて、この強毒性の新型ヒト・インフルエンザは、現在の日本が発源地になる可能性はない。

昔の日本の農村のように鶏と一緒に暮らし鶏のはらわたや糞に触る機会の多い社会を持つ国で今、鳥のＨ５Ｎ１型ウイルスが人間にうつるように突然変異している。

これが最後にはヒトからヒトへうつるウイルスへ変異を遂げて、新型ヒト・インフルエンザの出現となる。

その国はどこか。厚労省も含めて諸国の担当政府機関が懸念している第一の国は、ずばり中国だ。

ＷＨＯによれば、鳥からヒトにうつった強毒性インフルエンザでの死者はインドネシアが最も多く１１３人。中国は20人だ。

ところがカラクリがある。

インドネシアの閣僚は「わが国はＷＨＯの調査をフェアに受け入れて死者が膨らみ、受け入れない国は死者を少なく装っている」と怒り、ＷＨＯの調査の拒否を表明した。「こ

れが中国を指すことは世界の常識だ」(フランスの危機管理当局者)

WHOは2006年に事務局長選を行った。

日本の候補が有力とされたが、中国は香港出身のマーガレット・チャン女史を苛烈な運動で当選させた。

世界で初めてH5N1型ウイルスが確認されたのは香港であり、中国での流行が懸念されていたために北京五輪を成功させる策の一環として「無理にでもWHOを押さえに掛かった」と厚労省幹部は指摘する。

事実、WHOの動きは鈍い。

諸国が特に懸念するのは、香港など沿岸部だけではなくチベットだ。

チベットでは04年にH5N1型ウイルスが初確認され、08年も2月に中国農業省が「今年だけでも2回目の新型ウイルスによる鳥の大量死があった」と発表した。

ところが3月にチベット暴動があってから情報が途絶えた。

5月の四川大地震でも隣接のチベットで被害があったのかも判然とせず、救援物資もチベットに近づくにつれ届かなかった。このため瓦礫の下で死んだ鶏などを食した恐れがある。

日本外交が今すべきことは中国に「チベットを含めWHOの調査団を受け入れるよう

に」と求めることだ。

ところが08年秋に北京で開いた日中韓の保健相会議でも舛添要一厚労相は「日中韓の協力」で合意し、要はお茶を濁した。

このニュースに接した国民とメディアから疑問の声が上がらなかったことが大きいのだ。

新年２００９年は国民主導の外交改革が始まる年でありたい。

vol.35

「救命外交」の出番だ

ことしの日本と世界は、3つの明白な危機に対峙せねばならない。

世界不況、新・中東戦争危機、そしてパンデミックである。

うちパンデミック、すなわち新型ヒト・インフルエンザの世界的かつ爆発的流行について中国に迅速な危機情報の提供を求める外交がいかに国民の命と経済を左右するか、それを昨年2008年の12月に指摘した。

その中国は1月、「鳥インフルエンザに感染した北京市の19歳の女性が1月6日に死亡した」と発表し、そのあとも死者を公表し続け1月だけで5人に達した。

中国はこれで計25人の死者を公表した（1月末現在）が、昨年は1年間で4人である。年明けから異様なハイペースで公表している。

しかも5人のうち3人までがティーンエイジャーだ。「感染すれば若者ほど死ぬ」という、新型ヒト・インフルエンザで想定される特徴と一致する。

また中国は「死亡した19歳の女性が入院した病院の看護師が発熱した」と発表した。

わたしを含む危機管理の専門家は、この年初からの「情報公開」に戦慄している。

その看護師が、死亡した女性からH5N1型ウイルスに感染したのなら、鳥インフルエンザがついにヒトからヒトへ感染するよう、ウイルスが突然変異を起こした恐れがある。

だが中国は、この木で鼻をくくる発表しかせず、中国出身のチャン女史が事務局長であるWHOも緊急調査団を派遣する動きがない。

ふだんは慎重な物言いの厚労省幹部は電話で「実は中国でパンデミックが始まっていて、それを隠したうえで情報の一部だけ示してエキスキューズ（弁解）にしているのではと心配だ」と率直に語った。

これは明らかに外交の出番だ。

日本国民と世界の民の命を護り、社会や経済を破壊されないために即刻、中国政府に情報の全面公開と調査団の受け入れを強く求めねばならない。

WHOが動かないのなら日米韓などで合同緊急調査団を派遣するのだ。

もう周知のかたが多いと思うが、史上最悪の強毒性ウイルスH5N1型による新型インフルエンザは、鳥や豚のあいだで流行し、ときどき鳥や豚からヒトに感染している段階だ。

H5N1型ウイルスに感染した鳥や豚はすべて死に絶え、ヒトは6割から7割近くが死んだ。

ウイルスは生物と無生物の中間に位置する、やっかいな存在であり、突然変異を次々に起こすことが最大の武器だ。

だからH5N1型も、鳥や豚とは関係なくヒトからヒトへ自在にうつる突然変異を起こす可能性が十二分にある。

対抗するには、突然変異を起こしたウイルスの株を日本をはじめ医療技術の高い国に運び、ワクチンを作るしかない。

もとは株の入手からワクチン作成まで1年半は要したが、今は半年ほどに短縮した。

それでもワクチンが投与されるまでの半年は、基本的には会社にも学校にも行ってはならない。企業は、主要な社員が通勤をせずに、つまり会社に健康に泊まり込んで業務を維持する態勢を整えねばならない。

こうした社会経済態勢を作らなければ、衛生水準の高い日本でも最大では220万人が死に、その多くが若い人である恐れがある。

1929年から始まった世界恐慌は、ニューディール政策によってではなく6千万の死者を出した世界大戦の景気刺激によって克服された。

今回の世界不況は、新型ヒト・インフルエンザによる最大4億人の世界の大量死によって致命的になるのかもしれない。

vol.36
スケープゴートを作らない日本へ

麻生太郎首相がオバマ大統領とホワイトハウスで会談した。

２００９年４月２日にロンドンで開かれる金融サミットで、世界経済のナンバー１と２の国の首脳が初めて顔を合わせるのでは話にならない。事前に会っておく必要性が間違いなくあったから、この首脳会談には明確に意義がある。

その意義は麻生さんの支持率が低いこととは直接に関係がないし、オバマさんの支持率が高いことも同様に、直接は関係ない。

世界を同時不況から救う道に国際社会が踏み出すには、必ず日米の首脳が事前協議することが不可欠であったことが、本質だ。その首脳が誰であるかは二の次なのだ。

ほんとうは、この金融サミットは東京で開かれるべきだった。

これは残念ながら、麻生政権の力不足で実現せずロンドンになった。

そこは宰相の非力が影響した。しかし同時不況と金融不安を生み出した張本人のアメリカは、日本のアシストなしに苦況脱却はあり得ないことを知り尽くしているから、「オーバルオフィス（大統領執務室）で初めて会談するのはブラウン首相にしてほしい」と水面下で強く要求したイギリスを蹴って日本を先にしたのである。

この本筋にはほとんど触れずに、日本の大半のマスメディアは「オバマ大統領は昼食会も共同記者会見も開いてくれなかった。きっと麻生首相の支持率が低いから、軽視したのだろう」としきりに強調している。

元記者の一人として残念に、いや恥ずかしく思う。

情緒的な話ではない。ありのままの事実として、オバマ大統領は初の議会演説、実質的には初の一般教書演説を直後に控えていた。昼食会だの共同会見だのという余裕はない。アメリカ大統領にとって一般教書演説は日本で想像されるより、はるかに重い。

しかも日本のテレビ画面だけを見ていると、オバマ演説に対し議場は総立ちで拍手をしているようにみえるが、実際は、共和党席は冷え切り、立つ者も拍手する者もなかった。

オバマさんが目指した不況克服のための挙国一致政権が早くも崩れているという厳しい環境のさなかでの、演説だった。

オバマ政権としては、演説の前に日米首脳会談を差し込むだけで精一杯であった。

麻生さんの支持率が低いことは事実であり国民の意思表示は大切だ。この宰相をかばえない。それでも昼食会や共同会見がなかったのは、麻生さんのせいではない。

日本のメディアはさらに、日米首脳会談がアメリカのテレビで、ほとんど取りあげられなかったと嘆きに嘆いた。

馬鹿を言え。

たとえば、実力派首相の登場と日本でもてはやされていた段階の竹下登首相（当時）がレーガン大統領と会談したとき、会談でさんざん話した後の共同記者会見で、大統領が手元の紙にある日本の宰相の名が読めず、「タケシタ」ではなく「テイクシータ」（TAKESHITA）と読んでしまったのが、真実の日米関係だ。

無視は麻生さんのせいではない。日本外交そのものの存在感が薄弱なのだ。

日本の経済外交を立て直すには、国民の努力だけでは足りない。

その国民にフェアな情報を提供する崇高な任務を背負うメディアが、まずは横並びをやめ、記者ひとりひとりが現場を踏むリアルな取材に基づき、良心に従って報じる。

その変革もまた、不可欠だ。

vol.37
もはやタコ壺は掘らない

世界の国際機関から日本のプレゼンスがどんどん失われている。日本人のトップや幹部職員のいる国際機関が姿を消しつつあるのだ。外交だけの問題ではない。日本経済を直撃する。

たとえば世界知的所有権機関（ＷＩＰＯ）のイドリス事務局長（当時）が年齢詐称を暴露され退任するとき、主要国は一斉に後釜を狙って動いた。知的所有権こそ、貿易のこれからを左右するからだ。

日本も、特許庁出身の高木善幸ＷＩＰＯ執行役部長を自信を持って擁立した。ところが予備投票で4位という体たらくで、決選投票に進むことすらできなかった。

嘆くわたしに、外務省で経済分野を専門とする幹部は言った。

「新事務局長のポストを、中国に取られたのだったら正直、心配だ。だけどね、オーストラリア出身のフランシス・ガリ事務局次長が昇格したんだから、いいよ」

中国は世界で「知的所有権を侵害し、荒らしまくっている」（経産省幹部）。

わたしは、この外務省幹部が中国の問題に軽くでも触れたことは評価しつつ、呆れた。当選したガリさんは、「中国は知的財産権の保護について非常に重要な役割を果たしている」と国際会議で、しつこいぐらい繰り返している。

詳しい経緯は闇のなかだが、中国が激しいロビー活動で取り込んだ人物という印象が強い。

権力とは人事であり、人事こそ権力の要諦であることは、日本でもかなり理解されている。ところが、それは内政だけの話だと思われている節がある。

冗談ではない。国際社会でも、もちろん人事が権力なのだ。

ところが日本外交は、魅力のない人材を、甘い見通しで押し出して、敗れることを繰り返している。

前述のＷＩＰＯ事務局長を親中派に取られたのも痛い。しかしそれ以前にも、たとえば世界保健機関（ＷＨＯ）の事務局長選で、日本の医師を推し、中国は候補者を立てたことがないという理由で中国へ「アジア統一候補に」と呑気にも呼びかけた。

中国はそれを無視し、英語が達者な香港女性を立て、アフリカ諸国へ烈しい多数派工作を仕掛け、当選させた。

このために世界は現在、もしも発生すれば経済も確実に大打撃を受けるパンデミック

（新型インフルエンザの流行爆発）をめぐり、ハイリスク国の中国の内実が掴みきれない。

そして今、国際原子力機関（ＩＡＥＡ）の事務局長選でも日本は外務官僚の天野之弥・ウィーン国際機関代表部大使を立てた。

わたしは「また官僚の擁立では支持は広がらない」と、外務省の大幹部に懸念を伝えたが、彼は「日本は被爆国だから」とまったく勝利に結びつかない理由を挙げ、楽勝ムードすら漂わせていた。

これを真に受けて、わたしの古巣の共同通信などもウィーン電で「天野氏優勢」と見出しにうたった記事を、選挙前日に世界へ打電した。

結果は、落選。

対立候補も当選ラインに届かなかったから、選挙はやり直しになった。

そのやり直し選で天野氏に幸運が訪れることは充分にあり得る（事実、やり直し選で天野氏は当選したが、外務省の部長と総括審議官のふたりが、途中の落選の責任をとって丸坊主になるという珍事まで残した）。日本は根本的な間違いにこそ気づくべきではないか。

それは内政と外交は別物と思い、国際機関の人事が日本経済を左右などしないと思い込んで、何でもバラバラにタコ壷に放り込んで考える癖である。

それがあるからすべて縦割りになる。

統合された国家戦略を樹立するには、これをやめて再出発である。

vol.38

ひとは得意分野で失敗する

支持がいくぶん回復基調にある麻生太郎総理が「得意」と自認するのは、外交だ。

しかし今、もっとも致命的な失敗が心配されるのが、その麻生外交である。

麻生さんは、北朝鮮の弾道ミサイル発射では確かに外交手腕を発揮した。

国連安保理のせめぎ合いで韓国の大統領や中国の首相を巧みに土俵に上げ、最後に、日本が実をとれる妥協案を切り出して成功した。

安保理は形こそ決議ではなく議長声明にとどめたが、中身は北朝鮮に厳しいものとなった。

ところが一方で、麻生政権は奇妙な外交を動かしている。

発端は、２００９年2月だ。

麻生さんは日本の首相として戦後初めて南サハリンに入り、ユジノサハリンスクでロシアのメドベージェフ大統領と会談した……と、あえて記したが、ほんとうは南サハリンではなく南樺太であり、ユジノサハリンスクではなく豊原である。

敗戦後の多くの内閣は、日本の北方領土とは歯舞、色丹、国後、択捉の四島であるかのような誤った観念を国民に示してきた。

しかし実際は、その島々を含む千島列島は、北の最果ての占守島まですべて日本領である。樺太も南半分は、わたしたちの固有の領土だ。

これは、なにか右寄りの話をしているのではない。

わたしが南樺太に入って、豊原で取材したとき、年老いた朝鮮のひとをロシア語の通訳として雇った。

彼は、日本が朝鮮半島を植民地にしていた当時に、南樺太に渡った。

年は離れていても気持ちが通じあい、日本語教室のある小学校や、リフトのない素朴なスキー場も一緒に歩いて回った。別れ際に彼は言った。

「この頃の日本は一体どうしたんだ、だらしのない、と歯がゆく思うんだよ」

わたしが彼の眼を覗き込むと、「この豊原も南樺太全体も、日本人が朝鮮人の手も借りて、苦労に苦労を重ねて開拓した土地じゃないか。ここは日本国だ。なのにどうして、まるでロシア領のような顔をして澄ましてるんだ」と言葉を続けた。

右でもなく左でもなく、まっすぐ真ん中から、すなわち国際法に則って事実をみれば、彼の言う通りだ。

大戦が日本の降伏で終わった、その後にソ連軍が南樺太にも千島列島にも侵入し日本の兵や民を殺害、土地も財産も奪った。

戦争は終結していたから国際法によれば、これは単なる殺人、強盗などの犯罪である。占領は無効だ。

日本はやがてサンフランシスコ講和条約を結び、四島を除く千島列島と南樺太の領有権をいったん放棄したが、ロシア（旧ソ連）はこの条約に不参加だ。

だから北方の現実は「基本的には日本領だが、未確定」である。未確定だからこそ、麻生首相は南樺太に入るべきではなかった。

入り、しかも日露首脳会談を行ったから、ロシアの不法占領を認めたことになってしまう。

メドベージェフ大統領が上機嫌だったのは当然であり、麻生首相もやや高揚して「（北方四島は）日本が四島返還、ロシアが二島では進展しない」と語った。

その2か月後に麻生ブレーンの谷内正太郎・元外務次官が突如、「三・五島返還」なる奇怪な発言をしたのは、実はこの延長線上だ。

主権を自らないがしろにすれば、経済外交も何も崩れる。

わたしたちは宰相に、得意分野でこそひとは誤るという永遠の格言を思い出していただかねばならない。

vol.39

日本こそ最強カードを持つ

北朝鮮の二度目の核実験は驚くべき事態か。

われらは恐れ、おののくべきか。

核は、運搬手段がなければ意味をなさない。それが核兵器の本質のひとつだ。運搬手段である弾道ミサイルを4月5日に撃った以上は、核実験をおこなって、ミサイルの弾頭に積もうとするのは当たり前である。

したがって核実験の実行は驚くに値しない。

次に、核実験の時期だ。

北朝鮮に残されたカードは少ない。核実験は国際社会を脅しあげる貴重なカードである。北は、世界を驚かせるタイミングを選びたい。ならば思いがけない早さでやるか、それとも後へ回して世界を焦らすしかない。

ところが北朝鮮には今、独裁者の病気という重大にして、進行していく体制危機がある。

独裁者である金正日総書記、その工場視察を報じる北朝鮮の官製メディアが「後ろ姿を見送る労働者が涙した」という趣旨で報じるほどの事態である。

したがって後へ回すことはできず、世界の予測よりも早くやるしかなかった。

浮かび上がるのは、北朝鮮の焦燥だ。

それなら、こちらはじっくり構える。

じっくり構えるためには嫌な現実を正確に見る。

北朝鮮はすでに核保有国である。06年のミサイル連射は、長射程のテポドンこそ失敗したが、中射程のノドンは射程距離を伸ばし、ペイロード（ミサイル先端に搭載できる爆弾の重さ）を増やし、さらに命中精度（半数必中界、CEP）も向上させた。

その改良型ノドンに載せるために3カ月後に最初の核実験をおこなった。

メディアは「核爆発が途中で止まったから失敗」と報じてきたが、それは違う。

同タイプの長崎の原爆も途中で止まる未熟核爆発だったが、後遺症も含め14万人以上の市民を虐殺した。

北の核実験は06年の段階ですでに「部分的成功」をおさめ、ノドンには試験的に核弾頭を載せている数発もあるとみられる。

今回の核実験は、その信頼性を高めることが目的であり、4月のミサイル発射も、重いものを載せた一段目が確実に飛べば良かった。

要は北朝鮮は「長射程のミサイルよりも中射程のミサイルに小型の核を積む」という現実的な核保有の道を進んでいる。これこそが、まさしく北朝鮮のしたたかさだ。

なぜか。オバマ大統領が掲げる「核なき世界」と実質的に一致するからだ。

オバマ提案にロシアが乗り気なのは、アメリカもロシアも大型核兵器を大量に保持し続ける、その維持費がないためだ。

核なき世界とは、現実には「オーバーキル、すなわち全人類を殺してまだ余る核兵器ではなく必要最小限度の核に減らしていく世界」である。

北の路線は、世界の諸国に「必要最小限度の核保有」という核拡散を促していくことにもつながる。

すなわち世界は「地域核」の乱立時代に向かうだろう。

これは日本国内でも、従来から一部にあった核武装論をいわば進化させる効果を生む。

核実験のあった夜、わたしは防衛省の幹部たちと懇談した。

そのとき「必要最小限度の防衛力整備」の時代から「必要最小限度の核保有」を求める声が国民や政治からあがる時代になるかもしれないと話した。

わたしは、罪なき衆生を殺さない武士道の魂を護るためにも日本の核武装には反対だ。

日本の新生には、国家の理念と哲学が絶対不可欠であるからだ。しかし、核武装の議論をすることは、日本のきわめて有効な外交カードとして断固、支持する。さぁ、じっくり構えて「日本の核武装」をめぐるフェアな議論を始めよう。

vol.40 外交にとって正しい政権交代とは

麻生政権の断末魔が、これでもかとばかり報じられることに辟易する主権者は多いだろう。

大切なのは麻生さん個人の運命ではなく、国家の命運である。

政権末期には、政局、つまりは欲ぼけの政治家の右往左往だけでなく、その政権の外交を戦略的に総括し、成と否の両面をフェアに提示せねばならない。

それは国民にだけ示されるのではなく、国際社会にも示される。

そのやり方一つで日本の国益が変わってくる。

成果を強調すれば与党に有利になり、失敗を明示すれば野党に有利になるという発想そのものが外交を知らず、国際関係というものを知らないことに他ならない。

政権がどう変わっても、日本国の外交は続く。

したがって国際社会との付き合いも続く。外交の成と否を示すということは、日本国が諸国それぞれと、今後どう付き合いたいかを示すことだ。

例えば、麻生政権は不正競争防止法の改正を成立させた。

これまで日本はスパイ防止法のない珍しい国として、中国をはじめ外国から技術者が日本のハイテク企業にやってきて設計図をコピーして自国へ持ち帰っても、なかなか摘発できない現実があった。

この法改正の実現により、横領などの罪状を苦心惨憺して立件しなくともコピーは即、違法となったから、国家による技術スパイの動きに一定の歯止めはかかるだろう。

これは中国などに「日本はスパイを取り締まるという基本的な国家主権も放棄した国であった。それを克服する」という宣言になる。

さらに同盟国のアメリカには、「情報がとめどなく漏洩する信頼できない国であることから、脱却する」というアピールになる。

その一方で包括的なスパイ防止法の成立は未だに、ないままだから、それは逆に「日本はこれからも主権回復の途上にある」という示唆になる。

また麻生政権は、日本の西の最前線である与那国島に自衛隊部隊を初めて配備すると決定した。

これも防衛強化だけではなく、かつて韓国に島根県の竹島をやすやすと侵略され奪われたままになっているような外交を、もはや、やめるという重要な意思表示になる。

ただし、こうしたとき宰相はその意味づけを正しく発信せねばならない。麻生さんは防大卒業式でこう訓示した。「自衛官は、わが国の外交の重要な部分を担う外交官である」。

その言や良し、ところが麻生さんはイラク復興支援など国際貢献だけを根拠に挙げた。そうではなく、国境の防衛力強化は、戦争を起こさせない外交力の強化であり、その意味からも自衛官は外交官であると明示すべきだった。

そうであれば日本国民と国際社会に向けて「外交は本来、抑止力としての軍事力に裏打ちされているものであり、敗戦後の日本外交はそれを欠いている。これもフェアに国際法にのっとって、正していく」という効果的なメッセージになった。

麻生政権の外交成果のうちには、このように法の成立や具体的な自衛隊部隊の配備などがある。

政権が変わってもこれらの外交ツールは残る。

そこに戦略的な意味づけを、もしも次期政権が党利党略とは関係なく積極的に補えば、日本の国益は充実する。

これが正しい政権交代であり、交代によって日本の国際社会での地位を上昇させる、唯一の道である。

vol.41

アメリカよ、魂を売るなかれ

日本が選挙にかまけている間に、日本の命運を左右しかねない行事がワシントンＤＣで行われた。

米中の第一回「戦略・経済対話」（ＳＥＤ）である。

開幕にあたってオバマ大統領は「他のいかなる二国間関係よりも米中が大事」と実質的に強調した。演説の邦訳をめぐって「他と同様に米中関係も大事だと大統領は指摘しただけ」という異論もあるが、文脈からして、わたしはオバマさんの意図は「二国間関係では米中が今や、いちばん大事」と強調することにあったと考える。

少なくともアジアにおいてアメリカのもっとも大切な二国間関係は日米であることが、これまでの世界基準だった。それを大統領は、日本から中国に乗り換えると宣言したに等しい。

オバマ大統領は、その後の発言、行動も終始一貫、その考えを貫いている。

これを日本はどう受け止めたか。

政治家は、麻生現首相も鳩山次期首相もそれどころではなく沈黙し、官僚は外務省も経済産業省も黙して語らず、メディアは「オバマ大統領が米中の親密ぶりを演出」とまるで他人事で報じた。

産経新聞だけがいくらか書き込んだ記事を載せたが、「中国に懸念を持つからこその発言であり、日米同盟は揺らがない」という議論を紹介したにとどまる。

それは甘すぎる。

オバマ発言はこう続いたのだ。

「東アジアの軍拡競争を米中で阻むことが共通の国益になる」

北朝鮮の核開発が中心の話と受け止めてはいけない。北の核をきっかけに日韓が核武装する懸念を指している。

日本政府は「現在の平和憲法の下でも日本は核武装を選択できる」という見解を国会で繰り返し、公式に述べてきた。アメリカもそれを知ってのオバマ発言である。

わたしは、核を用いて非戦闘員を虐殺することは、わたしたちが涵養(かんよう)してきた武士道に反すると考えることも含めて、日本の核武装には反対している。同時に、日本が主権国家として核についても自立した決定権を持つことは断固、擁護する。

オバマ発言には、アメリカが中国と組んで、日本の自然権を封殺しようという意図がある。

中国に日本の目覚めを怖れる意識があるからリップサービスをしているのではなく、その懸念を利用して手を組ませようというのである。

なぜか。オバマ政権の経済政策は、失業率の止めどない上昇という恐怖を抱える。中国が人民元を安く抑えたまま対米輸出を拡大すれば、アメリカ人の仕事はまた失われる。

同時に、中国がアメリカの産品を買ってくれて初めてアメリカ経済は蘇る。

戦略・経済対話ではヒラリー国務長官が大はしゃぎで「今後の米中対話では、双方の子どもや孫の写真をテーブルに置きましょうよ」と提案した。

日米協議でそんなシーンは見たことがない。中国から長年にわたり資金援助を受けてきたとされるクリントン夫妻の正体が現れたのであり、また、オバマ大統領がなぜライバルのヒラリー女史を国務長官に指名したのか、その謎は解けたのだ。

選挙中だから黙するのではない。逆だ。選挙中だから外交・安全保障を争点にして国民に問い、関心を高めたい。

麻生さんも鳩山さんもこの米中の対日共同戦線にどう向かいあうか、さっさと示すべきだ。

それなくしては経済外交も何もなく、日本は亡国である。

vol.42

まず経済外交で自己変革を

鳩山新政権は外交・安全保障に難あり——。これはむしろ常識である。民主党は外交・安保に関しては、あらかじめ分裂したまま、党論をまとめ上げるための努力も怠ってきたからだ。

例えば、党代表を務めた前原誠司代議士は中国の軍事的脅威を指摘して譲らず、自民党の旧態依然たる国防族よりずっと鮮明な防衛力強化案を練っている。

一方、小沢一郎代表代行は訪中した際に、胡錦濤国家主席に「日本国民は中国首脳が日中友好に大きな関心を寄せてくださっていることに深く感動しております」と言い、民主党の若手議員は「恥ずかしくて声も出ない。これじゃ中国皇帝に冊封されているようだ」と激しく批判した。

また小沢側近の輿石東参院議員会長は、出身母体の日教組に今も支えられ、防衛費の削減に一貫して積極的だ。

さらに(当時)連立を組む社民党は、北の朝鮮労働党と友党であり続け、旧社会党が自衛隊を違憲とした時代への回帰すら希求している。

民主党は国民の外交・安保への関心の薄さをよいことに、この極端な分裂を放置したまま新しい政権を担う。

このままならば外交・安保でいつか深刻な政権危機を迎えることは不可避だ。

だが政権発足時の民主党が何より真っ先に自己変革を求められるのは、前述したような分野の外交・安保よりも経済外交の分野である。

なぜか。国際社会がたった今、ほんとうに直面しているのはデフレ危機だからだ。

日本経済は十数年も前から世界に先駆けてデフレ傾向を強め、それをようやく抜け出すのかと思いきや、現在、本格的なデフレ・スパイラルの入り口に立っている。

総選挙の2日前に、トリプルショックともいうべき指標の発表がなされた。

失業率が5・7％と過去最悪を更新し、有効求人倍率も0・42と過去最低。そして全国消費者物価指数はマイナス2・2％と過去最大の下落となった。特に若い世代の失業率が15〜24歳が実に9・9％、25〜34歳が7・1％に達している。

「若い労働力に成長分野の新しい仕事を供給し、経済全体の成長に弾みをつける」。

それが、ほとんど唯一の脱デフレ策だが、日本経済は真逆の方向を向いている。

ところが民主党が政権公約で約束したのは、まず子ども手当。結婚もできない若い失業者に子ども手当とは何のことか。

次に高速道路の無料化。電気自動車などの普及よりも先に無料化すれば激しい渋滞が膨大な排ガス増を招き、環境立国への転換と逆行する。

さらに民主党の目玉施策の公共事業削減は、基本的にはデフレを後押しする。だが、公共事業削減と新しい成長戦略を一体化して新規立案する試みは成されてない。アメリカ経済は、オバマ政権の発足以来、失業率が7%台から9%台の半ばまで上昇する重大危機が進行している。

これを世界デフレに発展させないために、日本が率先して脱デフレ策を示せば、それこそが超経済外交となる。

鳩山新首相の9月の外交デビューをどうするか。国連総会での演説も日米首脳会談も大切だが、何より重大なのは米ピッツバーグのG20金融サミットにおいて脱デフレのリーダーとなることを世界に告知できるかどうかだ。

政権交代で世界の注目が珍しく日本に集まるうちに、どうか鳩山政権よ、自らを省みて経済外交を切り拓け。

国民もそこを見よう。

vol.43

宰相に気づかせるのは誰か

やはり経済・金融の分野にもっとも深刻な矛盾を抱えている。

新政権が発足して半月からやがて1カ月を経ていく今、この事実が鮮明に浮かび上がる。

鳩山内閣は外交・安全保障に難があるのは常識であるが、真に政権の自己改革が直ちに求められるのは経済・金融であり、外交も経済外交が最大の課題になる。

そのように前回、問題提起した。現在、民主党内部からもその指摘が聞こえる。

鳩山首相は国連で温室効果ガスを90年比で25％削減するという目標を高らかに掲げ、拍手喝采を浴びて昂揚し、上機嫌で帰国した。

そして遅れている予算編成にようやく取り組み始めたが、「予算から無駄を省けば子ども手当てを出せるから内需型経済への転換に繋がる」と胸を張っている。

なんとも呑気な新首相である。

まず25％削減について、途上国に経済および技術の支援をする「用意がある」と国連で演説したが、その用意は一体どこにあるのか。新政権の政策はとにかくカネのかかる話ばかりだが、この経済支援も財源がない。

民主党のマニフェストには「地球温暖化対策税を検討」とあるが、実際の検討はまだ何もない。

国民もなんら同意せず、まだ説明すら受けていない。

さらに技術支援は、日本のほぼ唯一の成長期待分野として、環境技術を新規ビジネスとして戦略的に組み立ててあってこその「支援」である。

特に環境をめぐっては中国が自らを途上国と名乗っている。日本が曖昧なままでは、要はタダで技術を確実に盗まれる。

日本経済は、かつてなく失業率が高まり、特に若者と一家の世帯主の仕事が失われている。立ち向かうには、世界で高まる環境需要をわが物にするしかない。

グリーンニューディールをうたうオバマ大統領は、同じ国連演説で何も数値目標を示せなかった。

だから鳩山さんが25％を掲げたことは外交として意味がある。問題は準備も裏付けも欠いた、呑気ぶりだ。

こうしたなか、経済のプロのはずの藤井裕久財務相が円高へ誘導する発言をあえて繰り返した。

マーケットの鋭い反応をみていったん発言を修正したが、真意はメディアで言う「円高容認」どころか円高誘導である。

藤井さんは、鳩山さんが脳天気に掲げる「内需拡大」を具体化しようと内心で必死なのだ。

円安である限り、内需主導の経済への転換など起きるはずがない。だから円高へ強制的に導くつもりだが、それは大出血も伴うから、左派が歓喜して息づく新政権でその真意を語れるはずもないのだ。

語れぬ藤井さんの真意を見抜いているのが、亀井静香さんである。金融相として中小企業の借金返済を猶予するモラトリアムを提唱したのは単なる思いつきではない。

藤井さんの経済構造改革を拒み、あくまでもバラマキをやり来夏の参院選を有利に運ぶのが、こちらの真意だ。それは民主党幹事長、小沢一郎さんの真意とも重なる。

このように新政権は、その中心部に「改革か、権力の強化優先か」という根本的な分裂を抱える。

鳩山さんには、その自覚がない。

そのために25％という数字にも、日本が世界経済における脱デフレを引っ張り日本経済も再生するよう生かす発想が致命的にない。

これは鳩山政権の命運だけでなく、日本国の存亡の問題である。

経済外交の重みに気づかせる国民の声が必要だ。

vol.44

日本は何をしたいのか

民主党中心の政権は当分のあいだ続く。だが鳩山首相はいつまで首相でいるか分からない。つまり、長いはずはない。

日本の新政権をみる眼が、そう海外で整理されつつある。

国外の知友からEメールや電話で伝わる気配に加え、彼らと眼をみて議論しようとすこしヨーロッパに出てみて、それを痛感した。

たとえば、日本では早くも過去のことにされている「鳩山論文」である。

「世界はアメリカにひどい目に遭ってきた。日本は率先してアメリカと距離を置き、東アジア共同体を作る」という趣旨の、机上の作文だ。

英訳がNYタイムズに掲載され欧米で批判されると鳩山事務所は「国内の雑誌に書き、勝手に転載された」と弁明し、鳩山さん自ら「一部だけの転載だ」と不快そうに話した。

この弁明がまず、信用されていない。

EUに加わっている小国の知日派のベテラン外交官は「ハトヤマは自分では、誰からも褒められる論文だと思い込んでいたから、転載をむしろ喜んだのだ」と言い切って、「それを欧米に批判されると急に、勝手に転載されたと弁解すること自体が、日本の新しいリーダーへの信頼を失わせ、外交上の失敗になると分からないのか」と嘆く。

わたしは、こちらの胸のうちを全部、言われてしまったと驚いた。わたしは海外で日本の政治家の批判を基本的にしない。国益が第一だからだが、同時に、おのれが何をするか、日本の政官財をどう変えるかの話をこそ、諸国で問われるからだ。だから批判は胸のうちなのだが、それをここまで正確に相手に言われてしまったのは初めてである。

そしてヨーロッパの親日国に駐在する日本の大使は論文をこう分析した。

「日本もアメリカに物申すようになったと、中国に一目置かれることを鳩山首相が期待するフシもある。とんでもない。国際戦略の分からない夢想家が首相になる国が日本だと、改めて中国に確信させたね。これは、日本への軽侮を招くよ」。これも、かつて聞いたことがないほど手厳しい。

この頃は海外を歩くたび、日本の存在感の衰えに拍車が掛かっていることを嫌でも実感する。

中国系で英語を話し、日本の外交官の妻である女性は「今は世界のどこに赴任しても、韓国製を買う。日本製は、高い。韓国製は安いのに、品質はもうそんなに日本製と変わらない。他の外交官夫人もそうだ。日本はどうするの」と聞いた。

わたしは「韓国製の安さはウォン安のおかげも大きいから、いつまで持つか。それに環境へのケアを含めた総合力が価格だから、棲み分けはできる。日本のきめ細かさまで真似できる国は今後もないでしょう。背景の文化が違うから」と答えたが、一人の消費者の個人的感想に過ぎないとは、考えなかった。

フランスのエコノミストらが唱え始めている「もはやサミットに日本は要らない」という性急な議論に、一脈で通じるからだ。

サミットは、もとは参加国が少ないから意味があった。価値観の同じ少数の先進国だけが集まるから、素早く結論を導き出せた。

それがロシアを加えたことから崩れ始め、今はもっとも膨張する時だ。この後、急速に再び参加国を限定する時代が来るだろう。

その時に日本が排除されれば、民主主義のアジア代表がサミットから消える。民主主義という政治の問題だけではない。独裁政権のコントロールする人民元がアジアの代表通貨になってしまう。

日本は、世界が自由の価値を追求できるよう、サミットへの参加権を維持せねばならない。日本経済の新しい地平は、そうしたリアルな国家理念を基盤にして初めて開ける。

鳩山さんが言う、体制の違いを「友愛」で乗り越えて東アジア共同体を作りましょう、という世界観では、日本が何をしたいのか、どこにいるのか分からないのだ。

鳩山首相は、その宰相としての資格を、国内では偽装献金事件で問われ、国外では「友愛外交」で問われる。

鳩山さんが気づかないなら、わたしたち民意が気づかねばならない。

vol.45

日本よ、その細き道をゆけ

リーマン・ショックとは何だったのか。

その日本なりの総括も、新しい経済外交には欠かせない。

震源地のアメリカでそのショックを希望に変えようともがく一人が、ユニークなドキュメンタリー映画でアカデミー賞も受賞したマイケル・ムーア監督だ。

新作はずばり、「資本主義（キャピタリズム）」と題する。初来日を機に会って議論した。

昨秋のリーマンブラザース破綻によって世界に津波をもたらしたアメリカ資本主義、その信じがたい現実がこの映画で露わになる。

優良企業がこぞって従業員に生命保険を勝手に掛け、従業員が亡くなると莫大な保険金を手にしつつ1セントの弔慰金も出さない。

あるいは児童収容所を運営する企業と裁判所の判事が結託し、先生に反抗的だったという微罪（?）で子どもたちを不当に収容所に送り込んで企業に大儲けさせ、判事がキックバックを受け取った。

いずれも、リーマン・ショックはアメリカ金融資本主義のテクニカルな失敗にだけ起因するのではなく、根深いモラール崩壊があることを明示するショッキングな新事実である。

ムーアさんは言う。

「資本主義は罪だ」

わたしが「あなたが模索するのは民主的資本主義なのか」と問うと、「いや資本主義は強欲を広げるから罪なのだ。しかし社会主義には独裁がある。第3の道を見つけたい」。

わたしが「具体策がない」と指摘すると、「その通りだが、罪だと認めることが出発点だ」ときっぱり答えた。彼はその視点から、レーガン政権が緩和した規制をすべて復活させよと主張している。

これを一映画監督の感情論と片付けるのは易しい。

しかし、その映画はノンフィクションであり、実際に妻の死で保険金がごっそり会社に入ったことを知った夫と子どもたちが、もはや国も社会も信じないと悔し涙を流す姿を重ね合わせると軽視などできない。

ムーアさんは「しかもこの保険は合法なんだ」と強調した。

一個人が他人の家に火災保険を掛け、その家が燃えて保険金を手にしたらアメリカでも違法である。なぜ巨大な優良企業なら許されるのか。

ムーアさんが示したのは「優良企業が資本主義の行き着く先だからであり、資本主義そのものの運命だ」という考え方である。

これは彼のカトリシズムも影響している。

イエスが富める者に厳しかったという思想が背景にある。

これに対しプロテスタンティズムは、働いて富を得ることは神の意に沿うと考え、それがまさしく資本主義の思想的支柱となった。

このマイケル・ムーアさんを「共産主義者」だと評している日本の評論家もいるが、あぁまた現場を歩かない決めつけだと、がっかりする。

アメリカ社会を自分の足で歩けば、キリスト教の諸派が社会の底辺でせめぎ合っている国だと分かる。わずか240年弱まえに建国されたばかりで、そのとき清教徒というキリスト教原理主義の一種ともいうべき人々が原動力となった国なのだ。

「イエスだけじゃなく仏陀も、富むことが正しいとは言っていない」と語るムーアさんを見ながら、わたしは『日本の出番かもしれない』と考えた。

日本は今、デフレ不況に苦しんでいても歴史的には資本主義がもっとも成功し繁栄を築いた国である。

しかし敗戦国として自律した理念を持たず、戦勝国のアメリカに依拠してきた。

リーマン・ショックは、その終焉を教えてくれたと、日本が世界に宣し、また独裁国家として民主国家の産品を買い漁る中国とも違う新しい第3の資本主義を日本がリーダーとなって造ることが、究極の超経済外交ではないか。

ムーアさんの眼は驚くほどに澄んでいた。

その眼を覗きこみつつ『具体策を考えるだけではなく、抽象的であっても、あえて理念から組み立て直すのが、世界に寄与する道だ』と考えた。

vol.46

外交は「あ・うん」ではない

見せないで隠していた通信簿が、引き出しから出てきたようなものだ。

69年に佐藤栄作首相とニクソン米大統領（ともに当時）が交わした合意文書を、二男の佐藤信二・元通産相が、75年の父死去のあと佐藤邸の父の机から見つけていた。

信二氏は外務省に保管を持ちかけたが、断られて私蔵し、岡田外相が密約文書の掘り出しを進めるのを見て、新聞記者に文書の存在を明かした。

文書には、「核抜き」で実現したはずの沖縄返還について、有事となれば核兵器を沖縄に再び持ち込む密約が明記されている。

首相と大統領のフルネームのサインがあり、これを取り消す新たな合意がない以上は国際法上は有効である。

しかし意味の薄い「有効」だ。

なぜなら沖縄にミサイル発射基地はない。有事のとき米軍が核を抑止か攻撃のために用いる決断をしても、それは原潜のＳＬＢＭ（潜水艦発射弾道弾）か、核を積む航空機か、それともＩＣＢＭ（大陸弾道弾）によるから、わざわざ核を沖縄に持ち込まない。あるなら核搭載の航空機が嘉手納基地に飛来するケースだけであり、それは今回の密約とは別の話だ。

核を積む艦船や航空機が実質上、自由に在日米軍基地の港に寄港し、滑走路に降りられる密約もあるからだ。日本の元外務次官や、あるいは有名なアメリカのライシャワー元駐日大使がそう証言している。

いずれも密約という大それた通称とは裏腹に、いわば当然の現実でもある。

朝鮮半島や台湾海峡で有事となれば米軍は、地政学的に有利な沖縄へ、軍事技術が古い時代には核ミサイルを持ち込んで発射態勢をとろうとしただろうことは、安保条約があれば当たり前だ。

この密約と同じ60年代に起きたキューバ危機は、ソ連がキューバに核ミサイル基地を造ったから起きたのだから。

また、核を積む原潜が入れる港や、小型戦術核を抱える戦闘爆撃機が降り立つことのできる滑走路は今も、沖縄だけではなく横須賀や佐世保の港、三沢や厚木、岩国の滑走路がある。

したがって密約文書探しは、岡田外相が「極めて重大」と力むほどの課題ではない。

実は、元首相の私邸から密約文書が見つかった事実には、違う大切な意義がある。

東京・代沢の佐藤邸は、栄作・元首相の死後に竹下登首相（当時）が佐藤寛子未亡人に頼まれて住んだ。わたしは竹下首相番記者だったとき、ここに詰め、奥座敷まで見ている。その記憶によっても、佐藤家にとってはまさしく私有の和風の屋敷である。

公文書を置く場所では全くない。

密約文書は国家の公文書だから政府管理のはずだ。ところが佐藤さんは、家に持ち帰ってしまい、見つかったあとも外務省は保管を拒絶した。

すなわち佐藤首相も外務省もこの密約を「交渉上の方便」と考え、沖縄返還が実現してしまえば、その裏条件を記した合意文書は「佐藤外交は本当はこんな成績でした」という私的通信簿なのだ。

これは、国際社会ではまるで通用しない。

国内では公文書、私文書をちゃんと区別する日本だが、国際間の公文書の意味は分かっていない。

また非核三原則でノーベル平和賞を受けた宰相が、原則のひとつ「持ち込ませず」を平然と裏切っていたことも確定した。

「持ち込ませず」は一度も実現したことがないと、政官民を問わず多くの人が気づきながら、その「原則」があるかごとくに振る舞う。いずれも日本外交の根にある、言わば阿吽(あうん)体質であり、今回の露見は、それをこそ考え直す希少な好機なのだ。

vol.47

内政も外交もひとりの総理が担う

外交は総合力の勝負、それは誰にも理解される。

個人の生活でも、交渉事には双方のひととなりが必ず、表れるからだ。ところが「国内政治の有りようは、想像以上に外交を左右する。内政が混迷しつつ外交だけはどうにかうまく行く、ということはない」という現実は、日本では意外に考慮されない。

外交は別世界のものという思い込みが、抜けない。

日本の内政は2010年の初め、どん底にある。

昨年の夏にせっかく政権交代を実現して日本の民主主義の健在ぶりを証明しながら、鳩山総理は巨額の脱税が明らかになったあとも平然と職に留まり、小沢民主党幹事長は一身に捜査が迫ると「日本の民主主義は暗澹たるもの」と叫び、かと思うと急に「捜査が公正さを欠くと思ったことはない」と検察に媚び、要は、民主主義を私(わたくし)している。

国会では財務相が、乗数効果と消費性向の違いすら知らないおのれを暴かれつつ「政治家主導」を強調して失笑を買い、だが暴く野党自民党も、敵失を喜ぶだけでいいのかと有権者から冷たい目を向けられている。国権の最高機関である国会は、足の引っ張り合いを除けば、空っぽだ。

こうしたなかオバマ米大統領は、一般教書演説で日本に触れなかった。日本を無視するより、鳩山総理を無視したのである。「トラスト・ミー」と言いつつ裏切る総理を、批判するより無視、ノー・コメントにとどめたのである。それが、せめてもの日本への思いやりでもあった。

オバマ政権は、経済を建て直すために中国に依存せざるを得ないからこそ、安全保障や民主主義の価値観ではむしろ立場を鮮明にする戦略に転じた。台湾に武器を売ると決め、グーグルが中国政府の検閲を拒むと、ほんらいは親中派で中国ロビーからカネも受け取ってきたヒラリー国務長官が先頭に立ち、グーグルを後押しする。この大統領の戦略転換を受けてのことだ。

それだから日本を突き放すわけにはいかない。だが鳩山さんは、こうした事情を見抜く外交感覚も、世界の視線を真摯にわがものと受け止める姿勢も、欠く。

鳩山総理は施政方針演説で、インドのかの聖なるガンジーの言葉、「労働なき富は社会の大罪」を持ち出した。

わたしはのけぞり、そして、待ち構えた。

海外の、今では希少種と言える知日派のひとびとが聞いてくるかなと思ったからだ。そして、やはりEメールが届いた。「ママからの富をやすやすと手にし、税も払わなかった総理に、このような演説をされて日本国民は怒らないのか」と。

わたしは、聞いてくるだけの関心がかろうじてあることに感謝しつつ、思い出した。

一昨年秋、鳩山さんは民主党幹事長として、訪日中のインドのシン首相と会談し「インドは仏教国だから、仏教の基本を平和活動にもっと活かしてほしい」と求めた。

インドがヒンドゥー教中心であることもシン首相がシーク教徒であることも知らず、平気でお説教を垂れたのだ。

この会談は小沢代表（当時）が突如キャンセルしたための代役で、しかも、この鳩山さんの恥ずかしい言葉は、そのまま民主党の公式HPに掲載されていた。

シン首相は、外交上手の中国首脳陣と対抗できるほどの、したたかな戦略家だが、鳩山発言を何も訂正せずニコニコと聞き、反応しなかった。

つまりオバマ演説と同じく、あえて無視した。中国に対峙するには日本が必要だからだ。

オバマさんもシンさんも、中国を睨んで鳩山さんに我慢する。

では、われら日本国民は何のために鳩山さんに我慢するのか。

vol.48

祭りのあとに何を知る

オリンピックを純なスポーツの祭典にしておくことは、世界はとっくに諦めている。１９８４年のロス五輪が「あからさまな商業主義」と批判されつつ成功を収めてから、四半世紀にわたりＩＯＣも参加諸国もきれい事はかなぐり捨てて、儲け主義や国家主義を剥き出しにしている。

五輪憲章には「オリンピックの競技は個人の競争であり国家は関係ない」という趣旨が今でも明記されているが、もはや矛盾を追及するひともない。

それでむしろ五輪は、世界のありとあらゆる国際行事のなかで、もっとも盛りあがるから、この流れは元に戻らない。

閉幕したばかりのバンクーバー冬季五輪は、その国家主義に徹した中国と韓国が金メダルを荒稼ぎし、いまだにスポーツの祭典だとぼんやり思っていたい日本は、ひとつの金メダルも取れなかった。

選手団長を務めた橋本聖子参院議員は「もっとスポーツを重視する国になって」と総括

したが、こんな的外れのことしか言えないのなら、元選手とはいえ今は政治家であるひとを選手団長にすること自体をさっさとやめよう。

日本はスポーツ軽視の国ではない。

そもそも明るい話題は若いスポーツ選手の活躍しかないし、国民あげてＴＶでのスポーツ観戦が大好きだから、スポーツは高い価値を持っている。

バンクーバーで中韓に大きな後れをとったのは、スポーツ軽視ではなく、オリンピックをいまだにきれい事にしているからだ。

諸国の有力選手は、プロ選手か、国家丸抱えのいわゆるステート・アマしかいない。

ステート・アマという言葉はソ連や東独の崩壊で死語になったかにみえるが、中身はたとえば韓国が受け継いでいて、かつてのソ連よろしくメダルを取った選手に年金などを与え生涯を保証している。

日本のメディアは、韓国のその選手丸抱えを「国威発揚のため」と報じ、選手まで「韓国はそうだから」と諦め顔だ。

日本は今さら国威発揚しなくていいという発想そのものが、実はファンタジーである。『国威発揚はノーマルな外交とは違い、背伸びしたい国のやること』と考えるから、間違う。

国威を発揚しないでやれる外交はないし、五輪は、まさしく外交そのものでもある。なぜか。商業主義と一体になりつつ、たとえば表彰式で国旗を掲揚し国家が存在を誇示するのはすなわち、外交だからだ。

日本では、カネ儲けと外交は別物と考える傾向があるが、これも外交を特別視する思い込みだ。

ペリー艦隊が黒船として日本にやってきたのは、新しいマーケットをつくるためであり、軍事・外交・政治のすべてが経済に収斂(しゅうれん)するのが世界の実像である。

政治の優位を唱えたから社会主義は瓦解し、中国共産党は経済至上主義に転じたから、独裁政治を守ることができている。

日本式に切り分ける発想では、五輪はスポーツ、国威発揚は背伸び、外交は何となく高級な交渉、そしてカネ儲けはまた別次元、となるが、世界ではすべて繋がる。

外交なき経済繁栄はもう、ないし、国威発揚なき外交もないし、外交の場でない五輪もない。

逆に言えば、日本が五輪をも外交の場と考え、外交には、国威を発揚して潜在力を常に示すことが不可欠と考えて選手を国家が育成し、そうした総合的外交力なくしてはグローバル市場の世界経済でやっていけない。

それを知れば、日本は五輪でも国際経済社会でも甦るのだ。

vol.49

その自慢話は間違いだ

外交は一国の総合力だ。その中にはマスメディアも含まれる。報道が外交に協力するという意味ではない。糺(ただ)すべきは糺し、励ますべきは励まし、それが民主主義国の力のひとつになる。

クロマグロをめぐって、そのメディアの衰えを、また実感させられた。クロマグロの禁輸が、ドーハで開かれたワシントン条約会議で審議され、当初は可決とされた見通しを覆して、大差で否決した。

これを日本の報道機関は「日本外交の逆転勝利」と横並びで報じ、赤松農水相の脳天気な自慢話を、ほとんど無批判で伝えた。

ところが世界は無反応である。

たとえばアメリカ国務省の知日派の幹部は「日本では、そういうことになってるね」と冷淡にEメールで語った。なぜか。「中国外交にやられた」（英国海軍の情報大佐）と受け止めたからだ。

日本も熱心に動いた。外務省よりも水産庁が努力を重ねたが、それで形勢一変となるほどには世界で日本は今、存在感を発揮していない。

逆転の否決には複数の要因があったが、第一にはアフリカ諸国が否決でまとまり、第二には、リビアが審議打ち切りの動議を出し、それが通ったことだった。

中国は今、リビアを含むアフリカ諸国に深い影響力を持つ。

わたしが先般、欧州を訪れると、中国のアフリカ進出への懸念の声を少なからず聞いた。欧州にとってアフリカ大陸は、地中海を挟むだけの近いお隣だ。そのアフリカが丸ごと、資源ごと、チャイナ・マネーで買い占められたという実感が広まっている。

アテネで会った学者は「アフリカは中国に利用され尽くすだけで、アフリカ諸国の自立も、欧州の民主主義との連携も育たない。日本は中国にきちんと物申してほしい」と語った。

ドーハ会議の水面下で中国は「クロマグロ禁輸を葬る」と方針を決めると一斉にアフリカ諸国に強力に働きかけ、形勢は逆転した。

その情報を掴んだ欧州とアメリカが反撃をこれも水面下で準備し始めたその時、リビア代表が「審議を打ち切って採決せよ」と叫んだのだ。

リビアは独裁者カダフィ大佐（原語に近いのはカッザーフィー大佐）が核開発を断念し

たがアメリカからの「見返り」を不充分として中国と接近、それをテコにアメリカを動かそうと試みていた。

日本は水産庁の担当官がリビアを訪ねたが、それだけで乗ってくれるほど甘くはない。リビアが真に手を結んだのは中国だ。リビアにはクロマグロの不正な畜養（漁獲した魚介類を生けすなどで短いあいだ飼育し、値上がりを待って売ること）を一手に担う野心があるとされ、中国もクロマグロを安く買えるルートを確保したい。

さらに中国は、世界経済が中国頼みになっているがためにこそ、人種差別もベースに「チャイナ叩き」が起きつつあるとみて動いたと、内外の外交官は分析する。

日本のメディアは「中国も動いた」とは報じながら具体的に検証することはせず、また中国の動機を「フカヒレを食べたいから規制がサメに及ぶのを警戒した」という、いい加減な甘い憶測で済ませてしまった。

メディアが民主主義国家の総合力の充実に寄与するには、深層の事実を掘り起こす取材力と、事の背景を戦略的に的確に分析できる構成力が不可欠だ。

日本のメディアはいずれも弱い。公式発表に依存し、しかも横に倣う意識が強い。

日本は本物の民主主義国であり、だからこそメディアも政治家も、そして外交も国民とある部分、似る。日本国民は今、メディアも政治家も大嫌いで、日本外交を信じていないが、いずれも、わたしたち国民と似ている。超経済外交に脱皮するには、まずわれら自身が当事者だ。

vol.50

光を汲む

普天間の海兵隊をめぐり、これほどまでに幼稚な話が内閣総理大臣から相次いで出れば、まともな神経の国民ほど「もはやこの国で、外交改革など模索しても意味がない」と考える。

だが鳩山由紀夫さんという個人の問題だけにせず、あえて（嫌でも）わたしたちの共通の問題と捉えれば、一条の光はある。

たとえば「勉強してみたら海兵隊は抑止力になると分かった」という鳩山発言である。

こんな寝呆けた発言はないが、同時に「日本国では安全保障や外交については勉強せずとも総理になれる」という事実の、貴重な証明でもある。

そして「そのような国家システムでは日本は滅亡する」という正確な近未来予言にもなっている。

これを活かさずにおくまいか。

なぜなら「国家安全保障と外交について、まともに勉強せず、一貫した哲学と具体的な戦略を持たない人物は、決して首相になれない」という原則をこそ、これを機につくるのなら、まさしく日本の国家観の転換への出発だからだ。

総理が連休中、国内にとどまって普天間問題で恥の限りを晒しているとき、複数の主要閣僚は、アメリカやベトナムで原発や新幹線を売るセールスに忙しかった。

国民や企業には「新しい経済外交なのかな？　どう考えたらいいのか」と注視した向きもあるだろう。

車や家電製品を企業が個別に売るのとは違い、大型技術ごと社会インフラを国家が後押しして売る、確かにその新しさはある。だが、かつて池田勇人首相がフランスのドゴール大統領に「トランジスタを抱えたセールスマン」と揶揄されたことを思えば、本質的には新しくない。

ドゴールの皮肉は言いがかりである。たとえばわたしは当時、まだ小学生だったが、子供なりに『首相は大きくみんなのことを考えている人。トランジスタ・メーカーだけのことを考えているのじゃないのに……。日本の成長を嫌がる人種差別もあるのじゃないかな』と考えたことを、よく覚えている。

ではなぜ、そんな言いがかりを思い出す必要があるのか。

フランスは、シラク元大統領のように相撲や芸妓をたいへんに愛する極端なまでの親日家もいれば、クレソン元首相のように無礼な反日家もいる。

そんな、ぶれの激しい日本観であっても汲むべきはある。

それは鳩山さんのような愚劣な宰相であればこそ、尊い教訓を生むことと似ている。

不快ではあるが、フランスの言いがかりには「日本は物を売るときに目先でしか売らない」という問いかけも含まれている。

たとえば原発を売るなら、ほんとうは核セキュリティごと売らねばならない。

原発を護る警官には、どのような武器と銃弾を持たせ、どんな訓練を電力事業者や軍と合同で進めるか、軍の装備は見直すかなど地道な防護実務ノウハウをセットで提供することが必須なのだ。

「え、日本は武器禁輸三原則があるし、軍じゃなく自衛隊だから、それはタッチできません」。これではほんとうは諸国との競争に勝てない。

もしも何かの理由で勝っても、販売後のフェアな責任を全うできない。

敗戦後の日本がこれまで依存してきた原則、それは実は国際社会では仮面にも似ている原則、そこに国民的議論を起こす覚悟が政権にあって、原発を売っているのか。

わたしたちは主権者として、そこを問わねばならない。

vol.51
逃げずに語れ

新しい菅政治の目玉のひとつは、経済外交だろう。

なぜなら菅直人・新首相は普天間問題も、政治が不正なカネで穢れている問題も、小鳩ダブル辞任で引っ被ってくれた過去のこととして実質的に回避する姿勢だからだ。

それらを避け、経済政策を売りにしたい、国内だけではなく対外的にも、そうありたいはずだ。新首相の側近に聞いてみると即、「菅外交は経済外交、うん、そう考えています」と答えた。

わたしの問いへの迎合ではない。

菅さんはとても経済通とは言えないが、ご本人は直前まで財務相だったことを「世襲政治家ではない宰相」であることと同じくらい強調している。

だから、選挙前にはタブーのはずの消費税引き上げ論議にまで踏み込みたい構えをちらちら見せている。

そして「経済成長と、財政再建と、社会保障を一体でやる」という美辞麗句を看板に掲げた。

もしも実現できるのなら、日本が生まれ変わる。世界に強烈にアピールできる。賢明な読者は、この看板を違うところで見たなぁと気づかれただろう。その通り、日本経団連と経済同友会が4月に発表した「新たな経済成長戦略」の提言と共通点がある。

この提言は、「持続的な成長には税制・財政と社会保障制度の改革、健全化が必要不可欠」と強調し、経団連は消費税率を来年度から毎年2％ずつ引き上げ、20年代半ばまでに10％台後半ないしそれ以上とするよう求めた。

社民党の辻元清美・前国交副大臣は「菅さんは市民運動の出身だから、弱者の立場で経済・財政をやる」と発言した。

さすが、社民党が政権離脱しても副大臣を辞めないと抵抗し、辞任のときは泣き、今も政権に戻りたいと未練たっぷりな「市民派」辻元さんだが、菅首相の経済政策は、財界、財務官僚と深い部分で通じている。

「市民運動家の考える経済と、財界の考えるそれが似る時代なんだ」とわたしに解説する民主党代議士もいる。

だが財界の提言は、「消費税率引き上げと同時に各種控除を見直し所得税を公平にせよ」、「法人税を30％に引き下げよ」という要求もセットだ。

これもやれるなら自民党は存在理由を決定的に失う。

世界は、日本で「二大政党制による政権交代」が根付くのではなく「民主党による一党支配」が始まったと理解し、それはそれで理解しやすくなる。

そして、そうなれば普天間を理由とする社民党の政権離脱はむしろ意味があったことになり、小沢前幹事長による異様な独裁も一種の予行演習だったことになる。

しかし菅首相は、長期政権と、新一党支配への野心をみせることはないだろう。多弁にして何も明かさない首相になるだろう。

菅さんは首相になりたい野心のために、普天間でも政治とカネでも副総理でありながら何も言わないことに徹した。

外交でも、何も言わない。首班指名を受けた、その2010年6月4日から釜山で開かれたG20にも、自らの言葉による明確なメッセージを送らなかった。

このG20はギリシャ危機による不安が主テーマで、巨額の財政赤字の日本は世界でいちばん説明を求められる立場だった。

明かすべきを明かすリーダーなら、この機会をむざむざ逃さない。

菅さんはすでにイラ菅にあらず、語るべきから逃げるズル菅なのだ。

その宰相の下で超経済外交はあるか。

「逃げずに語れ」、主権者がまず、そう発言しよう。

vol.52 大失敗は大失敗として直視せよ

この連載コラムを何のために書くか。それは、祖国を甦らせる手がかり探しである。手厳しく論難しているようでいて、読者がどこかに希望の芽を見つけられるコラムでありたい。

今月は書きにくい。菅首相の経済外交デビューのカナダ・サミットが無残な失敗に終わったからだ。

まず首脳同士のフリー雑談トークの場が、残念無念である。緑の風が涼やかな保養地ムスコカの湖畔で、オバマさんをはじめ首脳たちがわいわいと談笑する。それを作り笑いで見やりつつ菅さんは、ついに談笑の輪に入らなかった。

国際会議は参加者の地位が高ければ高いほど、会議よりむしろフリートーキングが肝要である。

G7から帰国した、ある財務相（当時）が「会議そのものはね、いつもと同じで各国の役人が作った紙の読み上げセレモニーだから、ほとんど意味はなかったけれど、勝負のコる。

ーヒーブレイクは、想像を絶するほど重い意味があったよ」とわたしに語ったことがあ

この財務相は、在任当時にすでに高齢のひとであったが果敢に英語で話し、アメリカの財務長官との雑談で「油価をいったん、１バレル１００ドル以上にする。中国にわれわれの市場支配力を見せつけるためだ」との言葉を引き出していた。

１バレル30ドル台の時代である。そしてその後、油価は一時、１４７ドルをつけた。

この財務相（当時）のチャレンジは例外中の例外だ。

たとえばリヨン（仏）サミットは取材中のわたしの眼前で、クリントン米大統領、コール独首相らが楽しそうに談笑しつつ散歩道を行き、日本では元気のよいハシリュウこと橋本龍太郎首相がたった一人だけポツンと離れ、無言でうつむいて歩いていった。

だから菅首相の孤立を日本のメディアは「言葉の壁もあるし日本の首相は初登場が多いから仕方ない」と報じた。

とんでもない。

米英以外で英語が堪能な首脳はむしろ珍しく、コール首相の英語も見事なまでに下手だった。

通訳じゃないのだから問題は話の中身だ。初登場だからと談笑の輪に入らない首脳も、

日本以外にはない。

元財務相が言ったように、雑談が勝負なのだ。特に今回の菅さんは掻き分けてでも談笑せねばならなかった。なぜか。このカナダ・サミットは日本の首相の言葉が注目を浴びるという貴重なサミットだったからだ。

サミットの関心事はギリシャ危機の連鎖の阻止であり、先進国最悪の財政赤字を抱える日本の新宰相がタブーを破って消費増税を国政選挙の前に打ち出したというニュースは、世界から注視された。日本が国際社会で注目されるのはどれぐらい久しぶりだったろうか。

ところが菅さんは談笑に加わらず、会議でも消費税はおくびにも出さず、したがって各国は日本がどうやって財政赤字を減らすのか理解不能となった。

G20の首脳宣言は「2013年までに財政赤字を半減」という明確な目標を打ち出しながら、日本だけは例外扱いとした。

議長のカナダ首相は「日本の資金調達は国内が主だから」と語った。

それは事実であり日本はギリシャとは根幹から違う。

だが、世界が目標とすることから置き去りにされるのなら、サミットに参加する意味が失われる。

サミット直前にルース駐日米大使が「消費税引き上げの話を聴きたい」と財務省に乗り込んだことが、菅政権に「サミットで消費税に触れない方がいい」という判断をさせた。それでいて帰国するとすぐ、菅さんは参院選の遊説で「消費税10％は勇気ある政策」と叫んだ。

この内弁慶ぶりでは日本の経済外交は世界の「例外」である。

vol.53

タブーに寄りかかるな

超経済外交のススメという通しタイトルを、このコラムに付けたのは安易な考えではない。

かつて福沢諭吉は「学問のすゝめ」を著し、日本を変えた。

現代日本の最大課題が外交力にあることは、もはや内外の常識だ。そして「外交も政治も駄目でも、経済力だけはある」という自意識に長く安住してきた日本が今や、その経済も没落していく。

ならば、経済を復興させる外交を構築するほかない。その問題提起を、福沢翁の力には遠く及ばないにしても、志だけは負けずに行うのが、この小さなコラムの原点だ。

「しかし超経済外交が果たして実現するか」……そのように疑われる読者も少なくないだろう。

だが即効薬もある。そのヒントは中国だ。

中国経済の最新の動きで今、もっとも凝視せねばならないのは2点、ひとつは中国共産党みずから「世界の工場」であることをやめ、「世界のバイヤー」になろうとしていることだ。

人件費の高騰をむしろ促し、日本企業の工場でのストを放置するだけではなく、実は指導している怖れもある。

日本や欧米の下請けに甘んじることから脱し、中国国民の所得を増やして購買力を高め、デフレに苦しむ日本が「どうか買ってください」とひれ伏し、欧米がそれに続くことを狙っている。

もうひとつは、その中国が武器ビジネスで「世界のセールスマン」になろうとしていることだ。

特に東南アジア諸国に対して、武器輸出を大きく拡大している。

インド洋への出口として中国が古くから手を伸ばしたミャンマーなどへの武器輸出なら、さして注目もしない。

ところが、反中反共の象徴だったインドネシアが今年、中国から対艦誘導ミサイル「鷹撃82」（輸出名C―802）を買う。アメリカのベストセラー対艦ミサイル「ハープーン」を安価な中国製が駆逐していく始まりの可能性もある。

中国に警戒的だったマレーシアも中国製の携帯ミサイル紅纓6（輸出名FN―6）を買

い、東ティモール、カンボジアも警備艇や軍用車を買う。

中国からの武器調達がもともと多いタイ、ミャンマーなどを合わせると、東南アジアの主要国で中国製武器を敬遠するのはベトナムぐらいだ。

これはアジアの安全保障を根こそぎ変えてしまう。武器システムに中国製を取り込めば、軍事力のカギを中国に握られる。アメリカに武器を高い価格で買わされている日本の実状を見れば、明白だ。

一方で日本には武器輸出三原則がある。

要はアメリカ以外には武器を売れない。「日本は死の商人にならない」とわたしに胸を張った閣僚（当時）がいるが、笑止千万だ。

死の商人とは、たとえばアフリカの部族に武器を安く売り、血の紛争を起こさせ、相手の部族に高く売る、卑劣な連中を言う。

わたしは彼らに中東で会って確認した。

何でもかんでも死の商人というのなら、なぜ国内で武器が売られることは良いのか。

日本の技術力が支える武器をフェアにアジア諸国に売れば、中国の軍事支配の膨張を抑制することができ、安全保障のリスクを減らす。

日本の防衛産業が禁輸を口実に高価格で自衛隊に売るという官民癒着の利権を正し、実用数が少なくて信頼性に不安がある自衛隊装備の実態も変えられる。

敗戦後の思い込みを右でも左でもなく真ん中から見直す、それが救国の超経済外交をつくる。

vol.54

外交の分岐点がやって来る

外交には1日どころか1分の眠りもない。時差のある国も、ない国も世界中で動き、日本の現在と未来を左右するからだ。

しかし与党は平然と、２０１０年9月14日の民主党代表選まで長い外交空白をつくった。

そのなかで動いたのは半島情勢だ。北朝鮮の金正日総書記は、カーター元大統領を「密入国」で拘束されたアメリカ人を連れ帰るとの名目で北朝鮮に招き入れながら会わず、置き去りにしたまま訪中した。

「北朝鮮に追加制裁を課したオバマ政権は相手にせず。中国を頼みとする」というアピールだ。

金正日総書記はみずから指示して日本国民を誘拐しつつ、自分の身の安全には常識の範囲を超えて神経質で、飛行機には乗らないし、海外へもほとんど行かない。列車で行ける中国かロシアに年に一度だけ行くのが常である。

ところが今回は5月の訪中からわずか3カ月後の再訪中であり、しかも北京には入らず中国の東北部に限定した。

北朝鮮は、中国が上海万博を10月末に終えるまではいかなる揉め事も困るということを見抜いていて、9月に朝鮮労働党の代表者会を開く計画を立てた。

代表者会は、緊急かつ重大な案件が生じた時だけに開く建前であり、その案件とは、金一族の世襲で独裁権力の承継をするプロセスの開始と、破綻した経済の立て直しだ。

しかし5月の訪中では、北京で金正日総書記が胡錦濤国家主席に「キャッシュを含む経済支援」と「三男の金正恩への権力継承の容認」を実質的に要求したのに対し、「改革開放の経済政策をやるべきだ」、「世襲は好ましくない」と、いずれも拒否された。

そこで、したたかな金正日総書記は、アメリカの追加制裁を逆に利用し、また大洪水で中朝の合弁事業が壊滅的な被害を出したことも利用し、「中国との友好が大切。合弁事業の再建のために、合弁の拠点になる東北部へ行きたい」と中国に交渉、胡錦濤主席を長春に呼び出しての再会談を実現した。

胡錦濤主席は今度は、「代表者会が平穏に成功することを祈る」と述べ、金正日総書記は中国の支持を取り付けた形になった。

だが実は「平穏に」という何気ない一言がキーワードだ。

中国は「北朝鮮内部にも、わずか27歳の三男への継承に疑義があるんだろう」という懸念を示し、平穏に行かないのなら中国が介入することも示唆している。

すなわち金総書記が手にしたのは仮の支持に過ぎない。そこで金総書記は水面下で必ず、次の一手を繰り出すだろう。

それはアメリカへの接近である。

「六か国協議の再開について話し合う。ニューヨークの北朝鮮国連代表部に高官が来て欲しい」と北朝鮮が求めれば、アメリカは断りにくい。

一方で、オバマ政権は「六か国協議は北朝鮮に核開発の時間と資金を与えるだけではないか」という疑念も持っている。

したがって拉致問題も抱える日本に必ず、「再開すべきだと考えるか」と水面下で聞いてくる。

ここが日本外交の分岐点になる。

これまでのように「六か国協議は重要」と判で押したように答えるのではなく、「核開発に逆利用されないよう慎重に扱うべきだ」と答えれば、日本が初めて独自の考えを述べたと北朝鮮、韓国、ロシア、そして中国に伝わり、大乱へ向かっていくだろう朝鮮半島情勢に発言権が確保できるのだ。

与党は党内抗争にかまけないで、それを直ちに準備せよ。

vol.55 天高く、われら本物の馬を肥やすか

無念である。

わたしたちの日本外交が馬脚を現してしまった。

２０１０年９月７日に、海上保安庁の巡視船に漁船をぶつけてきた中国人の船長を、中国の圧力に屈して放免した事実がそれである。

日本外交は、経済力を背景に立派な馬のふりをしていたが、それは作り物の馬であり、世界が注目する舞台の上で、もも引きをはいた役者の貧弱な脚が見えてしまった。

現政権だけの馬脚ではない。敗戦後の日本外交そのものの脚である。

そして外交だけの問題ではない。

世の大人たちの話しぶりを聴いてみよ。「かもしれない」「ではないのかなと思う」「のようにも感じる」。驚くほど多くのひとが、語尾を曖昧にして、みずからの発言から逃げる。それで外交だけが毅然とするはずもない。

すなわち日本外交を立て直すのなら、外交官や政治家よりまず、主権者たる国民がやる

のだ。それには事実を知ることが出発点だ。

「9月24日の船長釈放以来、体に力が入らなくて。わたしの周りはみな、例外なく、そうですよ」

わたしにこう語ったのは、検察の最高首脳陣の一角、トップ級検事だ。釈放は大林宏検事総長の決断であり、他の検察首脳陣は「例外なく」それに今なお反対であり、「体に力が入らない」ほど落胆していると語っている。

この人らが明らかにした事実がある。閣内や外交当局からも裏を取ったうえで、一端を述べよう。

9月19日に船長の勾留を延長した時、那覇地検と福岡高検は正式起訴を決めていた。それまで中国の大使館員らが毎日、船長と面会し、全面否認させ、弁護士を付けることも拒否させていた。このために略式起訴は不可能になった。

一方、ビデオを見れば、船長がただの漁民であることは考えられないほど強力に、悪質に、巡視船に向けて舵を切り激突させていることが一目瞭然だから、不起訴はあり得なかった。

そこで船長の人権のためにも供述をしっかり確認し、公正な裁判に向けて証拠を完全に固めるために勾留を延長した。

この勾留延長で中国は、このままでは船長が公判廷に立たされ、その映像が世界に流れると悟った。

中国はかつて尖閣諸島を日本の領土として地図帳にも書き込んでいた。海底資源があるというＥＣＡＦＥ（国連アジア極東経済委員会）の報告書が１９６９年に出ると突如、「古来から中国の領土」と言い始めた。その歴史を誰よりも知るのは中国共産党自身だから、日本の法廷でその事実や経緯も含めて裁かれるのは困る。

中国は、温家宝首相がニューヨークの国連総会で「即時釈放」をストレートに要求する挙に出た。官邸は慌てふためき、菅首相は「俺がニューヨークにいる間に解決してくれ」と仙谷官房長官に丸投げして出発してしまった。

仙谷さんは柳田法相を呼び、「このままでは指揮権発動の可能性もあるが、それでもいいのか」と迫り、法相は検事総長にそのまま降ろした。

那覇地検の釈放発表文に「日中関係の今後」とあるのは、実は、この経過を指す。

そして「国民への影響」とあるのは、経済界から「検察だけがいい顔をして日本経済が破綻して、国民生活に影響しかねない」と迫られたことを指す。

この発表文は那覇地検ではなく検事総長とその周辺が作成した。

外交に軍事力の裏打ちがなければ、それはニセ馬である。

戦争を起こさせず、あくまで外交で、しかもフェアに解決するには、軍事力の裏打ちが不可欠だ。

戦争に一度負けただけで、それを捨てたのは正しいのか、主権者が考え始めるのが、この秋である。

vol.56

中国外交の大失敗を見よ

中国がこれほど多くを失った日々も、最近では珍しい。この２０１０年秋のことだ。９月７日、日本の尖閣諸島で中国の漁船ないし偽装漁船が、海上保安庁の巡視船にわざわざ船体を激突させた事件から始まり、10月29日、ハノイで温家宝首相が日中首脳会談から実質的に逃げた、異様なドタキャン事件までである。

中国の経済外交は、少なくとも10年に及ぶ負の財産を背負った。

中国はかつて、文化大革命の後期に世界の孤児となった。前期は日本の「進歩的文化人」が愚かにも熱烈支持を表明するなど世界にインパクトを与えた面もあったが、その無残な実態が明らかになるにつれ、中国は孤立した。

ところが、今回の胡正躍外務次官補の前原誠司外相への非礼な誹謗は、「（前原外相は）他国（アメリカ）とつるんで、尖閣問題を、あおりたてた」という調子で、孤立時代の中国の、あの独りよがりの口ぶりに回帰したかのようだ。

その結果、たとえばＷＴＯ（世界貿易機関）が11月４日に発表した報告書は、中国を名指し、レアアースの輸出規制を行っていることを実質的に批判した。

中国は裏ガネも使ってロビー活動をやり、報告書に中国批判が盛り込まれないよう工作したが、失敗した。

なぜか。中国がもともと尖閣に関心すらなく地図帳にも日本領と明記しており、それが国連のＥＣＡＦＥ（アジア極東経済委員会）が「尖閣諸島の海底に資源あり」との報告書を出した途端に「古来、中国の領土だった」と言い出したことは、世界が知っているからだ。

中国でも、国民はひどく偏った教育によって事実を知らずとも、共産党や軍の指導部は実は知っている。

だからこそレアアースまで持ち出して日本を圧迫し、尖閣諸島海域の資源を奪おうとしている。そのために、中国に投資することも、中国と貿易を行うことも、そして中国を繁栄させ力を付けさせることも、すべてハイリスクであることを諸国に深く認識させた。

ＷＴＯ報告書は、その認識の一端である。中国といえども、世界と交易してこその経済だ。孤立して繁栄を確保できる経済など、もはや地球のどこにも存在しない。

日本のマスメディアの報道は「日本外交は駄目だ」という話ばかりだが、もともと戦後日本の「軍事力の裏打ちなき外交」は無力である。先の大戦後、軍事力は侵略の手段であるより外交のツールとなった。そのツールを憲法で全否定している以上、外交に実効力が乏しいのはむしろ当然でもある。

これに対しアメリカ外交は「軍事力の裏打ちが過剰な外交」だ。だからイラク戦争の際の国連外交のように「戦争を起こすためには嘘までつく」外交にもなる。良心派だったパウエル国務長官が「これが大量破壊兵器」と国連で真っ赤な嘘を述べ、それを恥じて引退したのはアメリカの損失だ。

では中国はどうか。「未成熟な軍事力が引きずり回す外交」である。中国のあまりに異様な、驕慢（きょうまん）な外交ぶりの裏には、軍がいる。

中国は今後、朝鮮半島が不安定になったとき「台湾の治安を守る」という口実で、治安部隊の装いで台湾に軍を侵攻させるオプションを秘かに持つ。それもあって軍の発言力が増している。日本はそこを冷厳に見抜き、そしてアジアの大乱に備えるためにも、憲法の問題に取り組むことしか、外交力を根本的に向上させる方策はない。

vol.57

中国の次の12年を見抜く

先を見通すということが、どれほど外交に大切か、言うまでもない。それも短期だけではなく中長期の見通しも肝心だ。

ところが経済外交では、これがいちばん難しい。現代の世界経済は中長期の予測が的中するような経済では、もはやないからだ。

しかし押さえるべきポイントはしっかり押さえておきたい。

そのひとつは、中国の体勢が２０１２年に変わるということだ。「体制」ではない。中国共産党と人民解放軍による支配・独裁体制は変わらない。だが「体勢」は変わる。国家主席が胡錦濤さんから習近平さんに代わる。この変化は、日本が経済外交を進めるうえで、必ず踏まえねばならない。

胡錦濤主席に対し日本では「反日的で軍に甘い」とのイメージが強い。ところが中国の共産党と軍の内部では、評価は逆さまだ。「日本に甘く人民解放軍に厳しい」という評価が定着している。

一方、習近平さんは、江沢民・元国家主席の一派、いや愛弟子である。

江沢民さんは、日本から見ても中国から見ても、まごうことなき強烈な反日派だ。日本の「戦争責任」を永遠に言い立てろ、決してその貴重な外交カードを捨てるなという考えを事実上、ずっと公言していた。

そして徹底的な反日教育を中国全土の幼児、少年少女、青年淑女たちに叩き込んだ。

江沢民さんの父が戦時に日本軍に協力し、それを覆い隠そうとしたのだと日米英仏の情報当局者たちは、ほぼ一致してわたしに語った。

ヒトラーはユダヤ人の血が混じっていたためにユダヤ人を地上から抹殺しようとしたのだという歴史上の一説を思い起こさせる。

習近平さんは、その江沢民元主席の後押しで頭角を現し、同じ太子党（世襲で出世した一群）に属し、そして軍と関係が深い。

叩き上げの共青団（共産主義青年団）出身の胡錦濤主席との対立は宿命的だから、2012年に習近平主席が誕生すれば、路線は必ず、逆に振れる。日本にすれば「より反日的で、軍のご機嫌をとる路線」に見えるだろう。

中国は過去に学ぶ。

かつての文化大革命のような過剰な権力闘争が起きないよう国家主席は2期10年と定め

た。驚異の経済成長を成し遂げて基盤の強まった胡錦濤主席も、その定めを守り引退する。

これを逆に言えば、習近平国家主席の統治は２０１２年から10年、確実に続く。

しかもすでに習近平次期首席に媚びる動きが中国で始まっている。

日本の情報当局者には「大延坪島（チョンピョンド）への北朝鮮の砲撃は、中国の諒解のもと実行された。ただしこの中国は一枚岩の中国ではなく、習近平次期首席と関係の深い軍の一部ということだ」との見方すら存在する。

胡錦濤主席は「社会主義の大義」を掲げ、北朝鮮の独裁権力の世襲を嫌ったが、習近平さんは、金正日総書記をハグしていた江沢民さんと同じく世襲を認める傾向がある。

以上を総合すると、今後12年間ほど「日本にきつく当たり、北朝鮮に甘く、軍の言うことを聞く」という中国が続く可能性がある。

ただし重大な変動要因がある。この12年の前半に、北朝鮮の金一族支配の終焉を中国も予測する。

２０２２年頃までの中国の大まかな姿を掴み、そこにアメリカ、ＥＵ、ロシア、アジア諸国、アフリカと中南米をめぐる中長期の予測を重ね合わせて、これからの経済外交をデザインする時である。

vol.58

惑星直列

世界の外交史を振り返ると、偶然というものの恐るべき力に、戦く(おののく)ことがある。

そして、あらかじめ分かっている偶然も稀にある。言葉の矛盾ではない。例えば2012年に、それが迫る。

わたしはこの2012年の「定まった偶然」を惑星直列と呼んでいる。

惑星は、文字通り動く星であるから広大な宇宙でたまに直列になる。占いの世界では、そのとき天変地異が起きるとみるようだ。

しかし、もはや広くもない、つまり近年ぐっと狭くなった外交の世界で惑星直列が起きると、どうなるか。

2012年、東アジアと、その運命を左右する諸国の首脳陣がずらり交代か、交代があり得る時を迎える。

それが地上の惑星直列だ。

中国は5年に1度の共産党大会を迎え、国家主席が10年ぶりに交代、習近平時代が始まる。

北朝鮮は、実に32年ぶりに朝鮮労働党の大会を開き、金正日総書記の健康問題も踏まえて、わずか28歳（推定）の三男坊を次の独裁者に仕立てる。

韓国も大統領選だ。韓国の大統領は歴代、必ず腐敗するから、その任期は1期5年限りだ。すなわち李明博大統領は必ず交代する。

ロシアも大統領選で、メドベージェフ大統領の椅子をプーチン首相が奪いに来る。

そしてアメリカも大統領選だ。ねじれ議会に直面するオバマ大統領が再選を果たせるかどうか。

つまり、六か国協議の参加国は、日本以外みな、指導者が交代するしないの節目を揃って迎える。

さらに、言わばバイプレイヤーの台湾も総統選、欧州でもっとも中朝との関係が深いフランスも大統領選だ。

かつて世界の火薬庫は中東だった。今は、北朝鮮こそ火薬庫であり、その北朝鮮から核技術とミサイルを買ったと疑われるイランが、サブの火薬庫だ。すなわち世界最悪の心配事となった北朝鮮に向かい合うプレイヤーは、日本以外すべて「惑星直列」となる。

では日本はどうか。日本の総理に任期はない。党のトップに任期はあるが、総理の在任期間と整合するとは全く限らない。そして菅首相は、民主党代表の任期を全うできないだろう。

予算関連法案に、赤字国債を発行したり埋蔵金を使うための法案や、子供手当法案が含まれる。予算本体は、衆院優先で成立するが、予算関連法案には衆院優先はなく、野党が多数の参院で否決されれば終わりだ。

菅政権は、衆院で再可決するための3分の2以上の勢力がないからだ。予算関連法案が通らないと、92兆4千億の予算のうち、赤字国債の分だけで38兆2千億の財源が消える。子供手当も4月から支給できない。政権崩壊だ。

２０１２年に惑星直列ということは、諸国ともその前の２０１１年に、動きを早める。世界は、外交・安保と経済がすでに分かちがたく連動している。年初から、アメリカのボズワース北朝鮮担当特別代表が東アジアを回ったのは、そのためだ。

日本だけ動きが遅いとどうなるか。

不利な結果をすべて押しつけられるだろう。官政権は、社民党と組みたい、たちあがれ日本と組みたい、公明党と取引したいと右顧左眄（うこさべん）している。しかし前述したように、政権はおしまいだ。

そのあとの新政権は、一転ずばり憲法改正の発議へ動け。

憲法を改正すれば、北朝鮮の混乱で拉致被害者、特定失踪者を救出する最初で最後のチャンスが生まれた時、自衛隊部隊を派遣できる、と提案せよ。党派を超えて賛否が沸き、政界再編につながり、ねじれ国会が解消できる機も生まれる。

回り道のようでいて、日本の経済外交は、ここから急ぎ再出発するのが、ほぼ唯一の本道だ。

vol.59

百年の嘘に訣別せよ

中東イスラーム諸国の独裁者の危機は、百年の嘘への反乱である。

映画「アラビアのロレンス」のモデル、大英帝国陸軍情報将校T・E・ローレンスは第一次世界大戦当時、オスマントルコ帝国の圧政に苦しんでいたアラブを励まし、英軍の軍服を脱いでアラブ民族服を小柄な体にまとい、共に戦った。

それは真のアラブ解放ではなくアラブを英国の植民地にする策謀の一環であったから、ローレンスはやがて悩み、英国に戻って事故死した。

その後アラブ諸国は独立を果たしたが、それも欧米のご都合に合わせた独裁政権をこしらえた上での統治であり、国境は英米がその権益に合うよう人工的に引いたのである。

第一次大戦が１９１４年に勃発してから、ざっと百年越しの嘘がこね上げたのが、中東イスラーム諸国の独裁であり、その恩恵に預かることの少ない民衆が独裁打倒に挑んでいる。

かつての英国に代わり、第二次大戦後はアメリカが欧米諸国の中でもっとも中東の独裁から利益を受けている。

ではアメリカはどうするか。

基本的には、実は打つ手がない。なぜか。選挙という錦の御旗が使えないからだ。

民主的な選挙をやれば、必ずイスラーム原理主義勢力が伸張する。それが中東の現実である。

激しく動揺しているエジプトは、イスラーム同胞団の発祥の地だ。そのムスリム同胞団の戦闘部門が、イスラエルのパレスティナ人自治区ガザに定着したのがハマースである。ガザで選挙を行うとハマースが圧勝した。

その経験から、アメリカはエジプトで民主的選挙を推し進めることを、ためらうほかない。

そのために独裁者ムバーラク大統領の腹心のスレイマン情報長官（現・副大統領）を中心に、軍も加わった中途半端な新政権をつくろうと腐心している。

スレイマン氏は、シャバックをはじめとするイスラエルの情報機関やＣＩＡと親密だ。

この試みは、当面は仮に実現しても、中長期的にはアメリカを中心とする西欧民主主義への怒りや疑念を、中東の庶民たちにいっそう広げ、ひいてはイスラーム原理主義の勢力がさらに拡大する。

わたしは外国を訪ねると、本来の仕事先である各国の国防省、軍や原子力発電所といった場所以外に、学校、農場などに加えてスラム街に入る。

世界でみたスラム街の中でも、カイロのそれは最悪であった。青いはずのナイルが、ここでは黒く粘る泥流に姿を変え、のたうつ。

人間の尊厳を奪われた住民に、食料、水、医薬品、そして教育を提供するのはムバーラク政権ではなくムスリム同胞団だ。

民主的選挙をやれば誰が勝つのかは明白であり、アメリカは百も承知だ。

さて日本は、こうしたアメリカの矛盾と無縁なのか。とんでもない。

アメリカのスカートの陰に隠れるように、中東のオイルや天然ガスの権益のおこぼれを拾い集めようとしてきたのが、日本である。

そうであるなら日本は、中東の新しい危機を逆手にとって、脱アメリカの、自前の中東戦略を打ち立てるチャンスに変えるほかない。

それは日本国内のエネルギー戦略を転換することとセットである。

日本海に存在する自主資源のメタン・ハイドレートに目をつぶり、アメリカ主導の国際メジャー石油資本の言いなりになるつもりで中東の資源に頼ってきたことを、脱する。それが日本外交を自由にする。

vol.60

大転換

私事ながら2011年2月17日に大腸癌を切除する手術をし、入院中の術後6日目に外出して講演し、7日目にTV番組に顔を出し、8日目の24日に退院した。

癌は早期で転移もなく、今は、腹を切り開いた痛みとの闘いだけが残っている。

世に発信する立場として、おのれの癌も公表した。癌の宣告があってから清涼な気持ちで生きている。人生の余計なものは、これから削りたいが、このつたない連載は、最後まで続けていきたい。

短い入院のあいだ、ちょうど世界があまりに激しく動く時期だったこともあり、モバイルパソコンと携帯電話で諸国の当局者と議論を続け、日本政府の当局者は病室にもおみえになった。

そのなかで、もっとも腹立たしく思ったのは、パンダの狂騒である。

子供の手を引いてパンダを見に行こうと考えている若い父母も、「しかし去年9月の尖閣諸島での中国の蛮行を忘れるわけじゃない」と考えている人は、決して少なくないだろう。

ところが日本のマスメディアはことごとく、尖閣は忘却したかのごとくである。中国はそれをこそ狙って、気の毒なパンダに長距離移動も強いて、得意のパンダ外交を推し進めた。ただただ「可愛い」だけの報道の洪水には、共同通信出身の元記者として、わたしは、こころから恥ずかしく思った。

一方、もっとも驚いたのが、イラン海軍のスエズ運河越えであった。

イランは1979年、アメリカの庇護下の国王を打倒するイスラーム革命を起こし、以来、アメリカと手を組むエジプトからスエズ通過の許可が得られなかった。

それを覆して、イラン海軍のフリゲート艦と補給艦の2隻、つまりはミニ艦隊をスエズから地中海に入れた。すなわち「イスラエルの頭の後ろの洋上から攻撃できる時が来た」と見せつけ、シリアに入港した。

イスラエルの南方でエジプトの親米・親イスラエル体制が破綻し、イスラエルは足元がぐらぐらする今、頭の上のシリアと、背中の地中海の両方から攻撃を受ける立場に一転、立っていることを嫌でも知らされた。

わたしはイスラエルに入るたび、精強なイスラエル軍の弱点を指摘せざるを得なかった。

それは、海だ。

イスラエルは、アラブ人によって地中海に突き落とされる恐怖感に動かされているから、陸と空の戦力は徹底強化したが、海軍は弱い。

イランは、みずからも国内の民衆デモに苦慮しつつ、機を逃さずに海軍を動かしたのだった。

だがアメリカは身動きできない。

自由と民主主義を掲げながら、実は独裁者と結託して国際メジャー石油資本の巨大権益を守ってきた嘘が暴かれただけではなく、民主選挙をやれば、イスラーム原理主義勢力が伸張する。

中東を歩けば、イスラーム原理主義者のなかでアメリカの言うテロリストはせいぜい5%、95%は穏健だと分かる。

選挙で伸びるのはその穏健派だ。

アメリカは「イスラーム原理主義はすべてテロリストだから法を超えて排除できる」としてきた嘘もまた暴かれる。

したがって与謝野、海江田両大臣が「日本の資源外交の役割」を強調したのは笑止千万だ。

日本の資源外交とは、アメリカのおこぼれを頂くことであり、もはや通用しない。日本海の良質なメタン・ハイドレート、尖閣の原油、天然ガスという日本の自主資源を実用化する大転換こそが、求められる。

最終回

外交に善意も休みもない

この連載コラムは、2012年3月11日に始まった東日本大震災と福島原子力災害のさなかに、終わることとなった。

わたしの意志ではなく、経済誌の意志である。それは正当なことだ。

ふたたび私事ながら、わたしは大腸癌の手術のあと、おそらくは早く動きすぎたために重症の腸閉塞となり、死の半歩手前まで行った。しかし原稿を休んだことはない。連載を約束した以上は、おのれの事情が何であれ淡々と、書き続ける。

そしてこの連載を終わらせる理由は、経済誌に特に聞いていない。それは発刊人の自由意志であるからだ。

いずれにせよ、これもわがちいさな天命であり、始まりも終わりも、あるがままに受け容れる。

さて、東日本大震災は外交のリアリズムを国民が学ぶ、たいせつな機会でもある。

中国は、温家宝首相が「支援」を強調しつつ、東シナ海のガス田近くでヘリを海上自衛隊の護衛艦に異常接近させた。

ロシアはプーチン首相が「支援」と言いつつ、日本海に戦闘機やら爆撃機やらを繰り出した。

中露はいずれも、多くの戦力を災害出動に割いた自衛隊が反応できるかどうかを見ているのである。

韓国は大阪生まれの李明博大統領が、支援を強調しつつ、竹島の不法占拠を強化しようとへリポートの改修工事などを始めた。

日本がふだんに増して、竹島を護ろうとする余裕など無いことを見越した、不法な行動である。

支持が低迷し、たった1期5年に限定された任期の終わりも近づく李明博さんとしては、ここで日本に手厳しいところを韓国内向けに見せ、「大阪生まれだから日本に甘いのでは」という風評を抑えて支持率をすこしでも上げることを狙っている。

菅政権は、こうした中露韓に抗議すらせず、松本剛明外相はあろうことか「支援の気持ちを信じる」と国会で述べ、過(あやま)てる性善説を公言した。

震災の非常時だからと政権批判をほぼ無条件で封じている最大野党、自民党も噴飯ものだ。

外交の誤りを、世界は「非常時だから」と帳消しにするのか。

非常時にむしろふだんより甘くなるのが日本だと知られることが、子々孫々をどれほど苦しめることだろうか。

外交とは、「仲良きことは美しき哉（かな）」と言いつつ、みずからハイエナも聖人も臨機応変に演じられること、それが国際社会の常道であり、日本の政治家どもがそれをいつまでも知らないままなら、国民が知って、既成の政治を叩き壊すほかない。

そして日本の厄災につけ入るような冷酷な攻勢は、経済こそが中軸である。

中国は、政府直系シンクタンクの国務院発展研究センターの趙晋平副部長らが率先して、「中国が世界に部品や素材を輸出するシェアを、日本から決定的に奪い尽くすチャンスだ」という考えをあからさまに喧伝している。

また中国も韓国も、日本企業が技術力を持ちながら震災で行き詰まれば、すぐに買収する準備を急いでいる。

被災地に自動車やＩＴ産業の部品メーカーが多いことを踏まえての乗っ取り攻勢である。

フランスは、日本嫌いとされるサルコジ大統領が来日し、福島原子力災害をめぐって技術支援を強調したが、それは日本のためではない。

フランスにとって原子力は最大利益の国策産業であり、福島発の原子力離れが世界に広まっては困る。

同時に、政府が実質支配する原子力企業アレバにとっては福島はビジネスチャンスそのものだ。福島だけではなく他の地域の原発、あるいは放射性廃棄物処理施設での耐震改修で大儲けも狙う。

わたしは六ヶ所村の再処理工場とその周辺を歩き、アレバ傘下の核関連企業、コジェマ社が破格の有利な契約条件で食い込んでいることに驚いた時もあった。

アメリカは間違いなく世界でもっとも本気で日本を支援している。

しかし同時に、オバマ政権の原子力拡大政策に打撃を与えない狙いはもちろんある。

それに莫大な経費で養ってきた、核テロと核戦争に備える大部隊の絶好の訓練機会として、ちゃっかり活かしている。

日本国内の庶民たちが、たとえば小中高校生がなけなしの貯金から募金箱に義援金を投じていることと、こうした外国の思惑たっぷりの動きを同一視するような報道が日本では繰り返される。

外交に、善意はない。

祖国のなかには善意がある。
だからこそ祖国なのだ。

世界経済に国境がなくなればなくなるほど、主権国家の値打ちが高まるのは、そのためだ。

たとえば、原子力災害を経験しているからこそ日本の技術力は今後、世界最高の危機対応力を持つ。その展開こそが、福島の本物の復興だ。

世界では原子力推進の勢いは止まっていない。だから世界が懸念するのは、中国やインドの原発の過酷事故である。

そのとき、正確に事態に対応できるのは、福島の悲惨な現実から叩きあげた、日本の原子力災害を克服する技術である。また、福島第一原発の構内できょうも戦う作業員たちの高い労働モラールを維持する社会文化システムである。

国内だけではなく海外の諸国にも、そう印象づける外交を、この段階ですでに展開せねばならない。情報は決して隠してはならない。日本が苦しみ抜く過程をありのままに、世界に発信し続ける。

それがそのまま、外交となる。

そして同時に、技術力だけではなく危機克服の総合ノウハウを世界に見せることが、新しい日本の地球規模のビジネスチャンスとなり、外交は超経済外交にそのまま進化する。

日本国の唯一の主人公、唯一の最終責任者であるわれら国民が、ふだんの仕事を通じてそのまま外交官となり、あるいは政界、官界、そして経済界に「超経済外交でこそ復興を果たせ」と専業主婦のかたも学生諸君も、みなそろって、自信を持って訴えるときが来ている。

終幕　Finale!

わたしはパリで今、このフィナーレの章を眼をこすりつつ書いている。

冬のパリには珍しいほどの青空が、古い造りの窓からみえている。石造りのビル群に切りとられた、ちいさな空だ。

あすはパリ東駅からTGV、フランス国鉄の高速列車に乗って、ベルギーの国境付近まで行く。福島原子力災害の克服のために、フランス・アルデンヌ県のショー（Chooz）原発の構内に入り、廃炉プロセスの現状や、新しい安全策を調べ、議論してくる。そこでは、廃炉の作業中の格納容器そのものの中にも入る。

フランスはこれまで、こうした民間人の自主的な調査に冷たかった。福島への危機感が、これまで開かなかった扉を開かせた。

それだけに、わたしは福島と被災地のひとびとへの、非力なわたしなりの重い責任をあらためて痛感しつつ、きょうは不眠不休の執筆を続けている。

終わりこそが始まりである。

その永遠の真実を肌身に感じている。

連載コラムの完結、すなわち終わりが、この書の出発点となり、この書の完成が、まことに誠に不遜（ふそん）な物言いを最後にあえて許していただければ超経済外交、それも国民の手になる外交の始まりである。

さて、最後は、すこしリラックスしていただきたい気もする。

もはや幕が降りた舞台の隅っこで、すこし余談をいたしましょう。あくまでも余談ですから、時間のないかたは、飛ばしてくださるようお願い申します。

わたしが舞台の上から、お別れのご挨拶がわりの余談をいたす……のでは、ほんとうはありません。

みんなで一緒に上がった舞台、世界に新たに見せる日本のドラマの舞台が、これからこそ続いていく。

そして、わたしの話は、問題提起にすぎませぬ。

結論を押しつけるのではなく、日本国の主人公、最終責任者のおひとりおひとりに、みずから考えていただく、小さなきっかけでありたい。

だから、わたしは舞台の上にずっといるのではなく、祖国から遠い現場を駆けずり回り、あるいは祖国のうちの地と海の底を這い、誰も気づかない、誰にも褒めてもらえないところで何かを掴んで、みんなの居る舞台に戻ってきたい。

わたしの原点は、物書きだ。

物書きだけは、みずから志した仕事だ。少年時代から「プロの物書きになる」と胸のうちで決していた。

……いいや、胸のうちだけではなく、同級生や家族にふつうに、当たり前のように話していた。

だから友だちは、わたしが物書き以外にやたらさまざまな仕事をしているのが、意外で不思議でもあるようだ。


そのとおり、ぼくも不思議なんです。


わたしは、開幕の章でも触れたように、日本初の独立系、すなわち銀行や証券会社などのヒモが付いていないシンクタンクである独立総合研究所（独研）の代表取締役社長を不肖ながら務めている。

それから、研究の最前線にも研究員たちと一緒にいるから、首席研究員も兼ねている。

シンクタンク（thinktank）とは、智恵を出しあって集積して、世に解決策を提示するところだ。

しかし独研は、分析や調査だけではなく、常に現場の実務にわずかでも寄与できるよう努めている。

社会科学部では、それが原子力の施設（発電所や、放射性廃棄物を処理する施設や、大学の研究炉）であれ、新幹線などの交通機関であれ、たいせつな社会基盤についてどこが弱点かを真正面からありのままに指摘する。

そして、テロリズムをはじめ理不尽な脅威から国民を護れるよう、危機管理の現場で実務を遂行する。

自然科学部では、日本が建国以来初めて抱擁している完全な自前資源のメタン・ハイドレートを環境保護と両立させつつ実用化することに取り組んでいる。

アメリカのエネルギー省（ＤＯＥ）の知友は、さらりとこう言った。「コストも時間もかからない日本海側のメタン・ハイドレートからまず実用化して、それを良い刺激にして、太平洋側をやればいい。日本は生まれ変わるよ」

教育科学部（準備室）では、敗戦後教育を超克する試みを始めている。

公職もある。

それは、時の政府権力が何党であれ、申すべきを物申し、日本国民を、独裁主義の国家によるテロリズムをはじめとするリスクから護る実務のための公職だ。

内閣府の原子力委員会の原子力防護専門部会で専門委員を務め、経済産業省の総合資源エネルギー調査会では核セキュリティ・ワーキンググループの専門委員を務めている。

海上保安庁の政策アドバイザー、防衛省の上級／中級幹部研修の講師も務めている。


次の時代の原子力政策を決める「原子力新政策大綱策定委員会」の委員でもあった。

わたしは2011年4月22日に福島第一原発に作業員以外では初めて入り、そのあと国会で「福島原子力災害は人災である」と、菅直人首相（当時）らの面前で証言した。

菅さんは、無関係の書類を膝のうえにひろげ、眼を落とすふりをしていた。

証言に不満があるのなら、反論すればいいだけの話である。そのための国会であり、そのために民間人として証言に立っていた。

そのあと、「原子力新政策大綱策定委員会」の委員に限って、解任された。そのとき事務局幹部からは「首相官邸から委員交代を指示された」と明言があった。

わたしはこの明言を、評価する。

解任自体はまったく構わない。そもそもいずれの公職もみずから「なりたい」と手を挙げたことは一度もないのだから。

ただし、わたしの公職はすべて、厳正中立の立場であり、これまで時の政権によって左右されたことは一切、無かった。

この原子力の新政策大綱を策定する委員以外はいずれも、自民党中心の政権時代に任命され、民主党中心の政権になっても、そのまま現在まで委員でいる。

原子力新政策大綱の策定委員だけは民主党中心の政権の成立後に任命された、いちばん新しい公職だった。それだけが解任となった。

なぜか。

原子力の新政策大綱を決めるための議論は、福島原子力災害が起きる前から始まっていた。２０１１年3月11日の大震災のあと当然、それまでの議論は見直されねばならない。そこに委員交代の理由、見方によっては口実ができた。

当時の首相官邸としては「この公職だけは青山繁晴をクビにできる」と考えたのだろう。

しかも、わたし以外に何人かの委員も同時に交代となった。紛れ込ませて本音を隠す、いつもの手法である。

わたしは興味深く、おもしろく、この経緯を突き放して眺めていた。

いずれの公職をめぐっても、利害関係は一切、持たない。だから辞めても辞めなくても、何も困らない。

権力者の小心、つまらぬ意趣返し、それだけが分かりやすく見え透いて、わたしは思わず、失笑した。


話を戻すと、こうした職責以外に、教鞭も執っている。

近畿大学の経済学部で客員教授として国際関係論を講じて、若いみんなをわたしなりに懸命に励ましている。

世界の現場に出ろ、日本の若者よ。


これらの仕事は、すべて、偶然に向こうからやって来た。

謙遜とか誇張とか、そんな話ではない。わたし自身がもともと計画していた仕事は、現在の職のなかに、物書きただひとつを除いては、何もない。

わたしは慶應義塾大学の文学部を中退し、早稲田大学の政治経済学部に入り直して卒業し、つまりは「ひとり早慶戦」を終えてからまずは共同通信社の記者となった。

記者になることそのものは、みずから志した。ラーメンの屋台を引いて物を書いていく道を真剣に考えたが、父と母に心配を掛けたくなかった。

それに地に足を付けて物を書く作家になりたかったから、記者の仕事で日本社会の矛盾と思いきりぶつかりたかった……と書いたが、ほんとうの本心は、ちょっと違う。

民主主義が前へ進むためには、本物の記者が必要だとは、子供の頃から考えていたから、記者になった。物書きになるための腰掛けではない。

実際、記者を務めてみると、天職だと思えた。しかしペルー日本大使公邸人質事件にぶつかり、記者の職を辞した。

共同通信は今でも、好きである。

現在の共同通信のなかの雰囲気は正直、まったく分からないが、わたしのいた20年近いあいだは、自由と自律の精神を持つひとが、決して多数派ではないが、確実にいた。だから、好きだった。

ところが、共同通信に入ったのは、単なる偶然に過ぎない。

そもそも人事部に問い合わせの電話をしたとき、「共同通信って、あの世界の共同ではないですよね」と言って「じゃ、なんなの」と新卒採用の担当だったNさんの怒りを買った。

わたしは大学の就職部というものにまったく行かず、心配した他大学の女友だちが、早大就職部の掲示板を見に行き、「記者職を追加募集　共同通信社」という張り紙を発見してくれただけだった。

もう季節は2月、そんな頃に追加募集するなんて、国際通信社の共同通信のマネをしてる怪しい会社じゃないかと、勝手に思っていたのだった。

諸国には、その国からの発信を中心的に担う「代表通信社」というものがある。日本では、共同通信社がそれに当たる。それのわきゃあ（訳は）ないよなぁと思い込む、馬鹿たれの学生だった。

さらに役員面接で「きみはもしも合格したら、何部に行きたいのかね」と編集局長に聞かれて、エラソーに聞くなぁ、このおやじとムッとして「え？　共同通信って、外信部以外にもあるんですか」と、まともに愚問を発した。

社会部のエース記者だったこの編集局長は「あいつだけは入れるな」と怒った。

当時の共同通信に自由の空気がなかったならば、エライ編集局長の怒りを買ったわたしが入れるはずはなかった。

筆記試験のなかの作文科目で書いた一文を、たまたま気に入った役員がいて「いや、あいつには記事を書かせてみたい」と偶然、主張してくれただけのことである。

そして、共同通信の記者となると地方支局（徳島支局と京都支局）での事件記者、すなわち編集局長がご出身でいらっしゃる社会部畑の仕事から始まった。

そして大阪支社での経済記者を経て、東京本社に上がるとき、外信部ではなく政治部を選んだ。入社試験のときは、政治部も経済部も社会部も、なにも知らなかったのにね。

これも大阪支社経済部の部長やキャップが「外信部なんて、海外支局のなかで現地の新聞、テレビをチェックするだけの仕事が大半。きみの個性を活かすには、政治部に行け」とたまたまアドバイスしてくれたのだった。

そして事件記者、経済記者、政治記者の時代に、真っ向議論したかたがたが、ほとんど全員、今もわたしの知友や議論相手、つまり情報源となってくださっている。

始まりは、友が見つけてくれた一枚の求人票、それもピンが一個とれて、傾いて掲示板にぶら下がっていた求人票である。

さらに、ペルー事件がなければ、今も間違いなく、共同通信の一員だった。ペルーで日本人が大量に人質になるという、日本が初めて直面した国際テロ事件に偶然ぶつかり、天職と思っていた記者を辞める、辛い決心をした。おかげで新しい世界に出ることになった。

そしてこれも偶然のご縁があって、三菱総合研究所（三菱総研）の研究員に転じ、そのために日本では民間の智恵がお上（政府）に都合よく使われる実態を知り、だから独立系のシンクタンクを創ろうと、たまたま決心した。

そして「原子力は準国産エネルギーとして日本の独立のために重要な選択肢であり、それだからこそテロに弱いという真実を主権者に明らかにし、テロをはじめとする危機に強い原発に変えるべきだ」と主張していると、たまたま、その政府のなかにわずかながら常に存在する良心派が、公職に就くよう要請してこられた。

大学の教職は、わたしのテレビでの発言を見た近畿大学総長（正式には理事長）が「あれと同じように、学生に話してくれませんか」と電話してこられた。

わたしは教師にだけはなるまいと思っていたが、その初めて聞く声の清涼な雰囲気に惹かれ、その電話で、お受けしてしまった。総長は故人となられたが、その声は今も、わたしと共にある。

したがって、わたしは、天の差配に動かされてきただけであり、すべて天がご覧になっているもとで動くから、嘘も社交辞令やお世辞も、保身も、意味がない。

よせばいいのに、30年ぶりぐらいにサーキットに復帰し、とっくに失効していたA級ライセンスも取り直し、それから例えば雪国への出張があると、たとえ15分だけでもスキーをする。

3年ほどまえにスキージャンプで墜落し左腰の骨（腰椎横突起）を5本すべて、引きちぎるように折って、この世の苦痛とは思えないほど痛かったけれど、スキー板で地球を押して、地球が跳ね返してくるような楽しみは生きる歓びそのものだ。

ありとあらゆる仕事は、その歓びと同じであり……と、ぜひ言いたいところだが、実は、まったく違う。

物書きも含めて、それが仕事である限りは、辛いことや嫌なことが九割九分である。

それでも、残り一分の歓びの素晴らしさ、そこをどなたとも、意見の違うかたがたとも共有できれば、それだけで、しあわせだ。

この書を仕上げるということは、タイムマシーンに乗ることでもあった。読者のかたも、タイムマシーンの面白さを共有できていれば、うれしいです。

開幕の章でのべたように、高層マンションを一度、地上に降ろしてバラバラにし、そこから組み立て直すような改稿の作業をしているうちに、わたしは自然に、２００６年から震災後までを生き直した。

もう一度、申しましょう。読者のかたも、そうではありませんでしたか？

「王道の日本」については、その書を書き起こすきっかけになったコラムも、この中にあることに気づいた。わたし自身も実は忘れていた。それもタイムマシーン経験の一つである。

この書の冒頭に記したとおり、救国は、キュウコクという音でつながる求国である。求めましょう、わたしたちは、祖国を。

西暦２０１２年、平成24年、皇紀２６７２年２月27日月曜　夕刻

パリにて
青山繁晴　拝

【初出】

本書は、『フィナンシャル ジャパン』（ナレッジフォア）連載「超経済外交のススメ」２００６年３月号～２０１１年６月号の原稿に加筆・修正のうえ発刊しました。（vol. 31は欠番号）

〈著者略歴〉
青山繁晴（あおやま　しげはる）
神戸市生まれ。慶應義塾大学文学部中退、早稲田大学政治経済学部卒業。 共同通信社の記者、三菱総合研究所の研究員を経て株式会社・独立総合研究所を創立。現在、代表取締役社長・兼・首席研究員。近畿大学経済学部客員教授（国際関係論）。内閣府の原子力委員会・専門委員、経済産業省の総合資源エネルギー調査会・専門委員、海上保安庁の政策アドバイザー。防衛省幹部研修の講師も務める。専門は、エネルギー安全保障、核セキュリティ、危機管理、外交・安全保障、国家戦略立案。テレビ、ラジオ出演や多数の講演をこなす。
著書に、純文学の『平成』（文藝春秋）、ノンフィクションの『ぼくらの祖国』『日本国民が決断する日』（以上、扶桑社）、『世界政府アメリカの「嘘」と「正義」』（飛鳥新社）、『王道の日本、覇道の中国、火道の米国』『日中の興亡』（以上、ＰＨＰ研究所）などがある。

救国
超経済外交のススメ

2012年４月２日　第１版第１刷発行

著　者　青山繁晴
発行者　安藤　卓
発行所　株式会社ＰＨＰ研究所
東京本部　〒102-8331　千代田区一番町21
学芸出版部　☎03-3239-6221（編集）
普及一部　☎03-3239-6233（販売）
京都本部　〒601-8411　京都市南区西九条北ノ内町11
PHP INTERFACE　http://www.php.co.jp/
組　版　朝日メディアインターナショナル株式会社
印刷所
製本所　図書印刷株式会社

© Shigeharu Aoyama 2012 Printed in Japan
落丁・乱丁本の場合は弊社制作管理部（☎03-3239-6226）へご連絡下さい。送料弊社負担にてお取り替えいたします。
ISBN978-4-569-79962-9

ＰＨＰの本

中国人がタブーにする中国経済の真実

石平／福島香織　著

危ないのは新幹線だけじゃない！　崩落するビル、沈む道路に不動産バブルの崩壊。誰も言わなかった中国の泣き所をあらゆる角度から暴く。

定価一、四七〇円
（本体一、四〇〇円）
税五％

PHPの本

王道の日本、覇道の中国、火道の米国

青山繁晴 著

権力により自由を踏み潰し、国家や政権党、独裁者の意思を実現しようとする中国。その中国を抑止できず混乱へ向かう米国。両国に巻き込まれないため、日本は何をすべきか。

定価一、五七五円
（本体一、五〇〇円）
税五％

PHPの本

日中の興亡

青山繁晴 著

将来に向けて日本の自主独立を守るために、永遠の隣国・中国にどう対処すべきか!? 青山繁晴氏による待望の書き下ろし最新刊!!

定価一、五七五円
(本体一、五〇〇円)
税五%